H

DE LA T

Éditions du Sorbier

DoGi

Titre original
La storia della tecnologia.
L'uomo crea il suo mondo

Texte original
Luca Fraioli
Illustrations
Giorgio Bacchin,
Giacinto Gaudenzi, Ivan Stalio

ÉDITION ORIGINALE
Édition : Andrea Bachini
Projet graphique : Sebastiano Ranchetti
Graphisme : Sebastiano Ranchetti
Mise en pages : Sebastiano Ranchetti,
Antonio Tucci

ÉDITION FRANÇAISE
Le Sorbier, Paris

Réalisation
ML ÉDITIONS, Paris
Traduction-adaptation :
Giusi Dupont-Furno

ISBN 2-7320-3658-7

Imprimé en Italie en 2000

Sommaire

Un décollage très lent

Il y a 2,5 millions d'années, en Afrique, un hominidé taillait une pierre pour l'affiler : ce fut le premier ustensile. Voici 10 000 ans avait lieu le grand tournant de l'ère néolithique : la découverte de l'agriculture et de l'élevage.

Peu à peu, l'ancêtre de l'Homme se dressa sur ses membres postérieurs et commença à marcher. L'élévation par rapport au sol favorisa d'autres mutations importantes : la position du crâne sur la colonne vertébrale, le profil du visage, le développement du cerveau et la formation du langage articulé. Mais surtout, grâce à la conquête de la position debout, la main fut affranchie de la tâche de porter le poids du corps, et elle fut en mesure, après une longue évolution, de soutenir des efforts importants, d'accomplir des manipulations compliquées et de fabriquer des instruments de travail. Cette aptitude à se servir de ses mains différencia l'Homme des autres êtres vivants : sa faculté de penser en fut stimulée et le rendit capable de construire de véritables prothèses de ses mains : les ustensiles. En effet, presque tout ce que nous savons des premiers hommes, nous l'avons appris de l'étude de leurs premiers outils : les pierres taillées. Alors que les objets en bois, en cuir et presque tous les instruments en

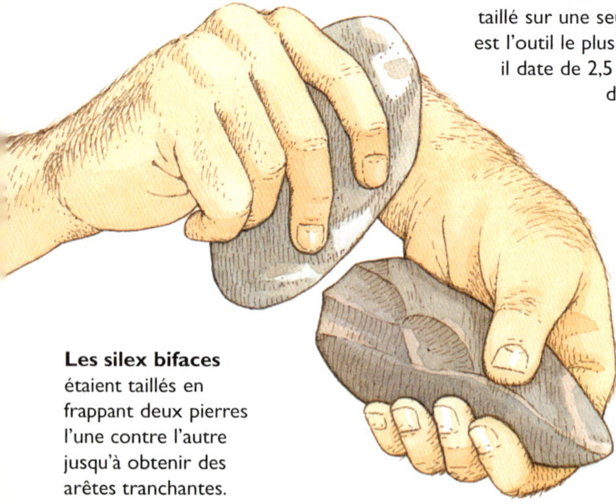

Les silex bifaces étaient taillés en frappant deux pierres l'une contre l'autre jusqu'à obtenir des arêtes tranchantes.

Le chopper, taillé sur une seule face, est l'outil le plus ancien : il date de 2,5 millions d'années.

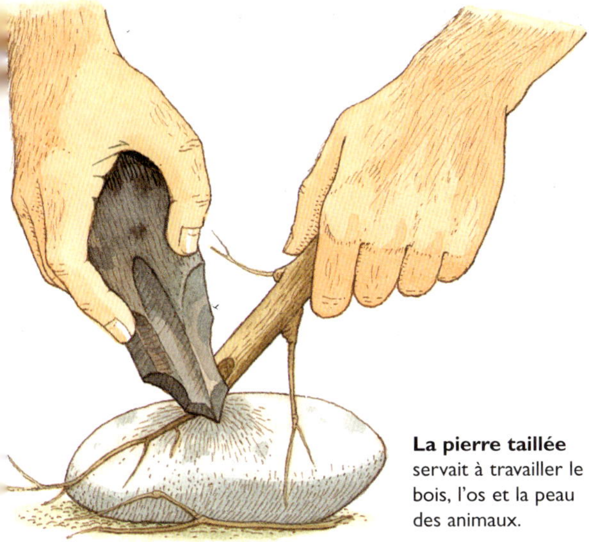

La pierre taillée servait à travailler le bois, l'os et la peau des animaux.

L'amygdale, ou hache à main, était un outil évolué, pointue à une extrémité, arrondie à l'autre et tranchante sur les bords. Elle date de 300 000 ans.

os ont disparu, des millions de morceaux de pierre nous permettent de reconstituer la lente évolution de l'Homme. Au cours de 2,5 millions d'années, on passe des galets grossièrement taillés aux pointes de flèche en silex. Des centaines de milliers d'années séparent le chopper du biface appelé coup-de-poing.

Mais quel a été le premier hominidé doté d'un cerveau assez développé pour concevoir et construire des instruments en pierre? Les paléo-anthropologues l'ont appelé *Homo habilis,* pour souligner cette habileté.

Homo habilis fit son apparition en Afrique il y a environ 2,5 millions d'années. On a retrouvé des galets aux bords tranchants avec lesquels il pouvait, par exemple, inciser la peau d'un animal pour ensuite le manger. La première invention de l'histoire eut donc un effet pratique immédiat : l'augmentation de la consommation de viande animale de la part d'*Homo habilis.*

Homo erectus et *Homo sapiens*

Homo erectus est l'acteur principal des débuts de l'histoire de la technologie. Des restes fossiles témoignant de sa présence ont été retrouvés en Afrique, en Asie et en Europe. Leur âge est compris entre 1,5 million et 200 000 ans : *Homo erectus* a donc dominé le monde pendant plus de 1 million d'années. Les secrets de son succès sont à rechercher dans la conquête de la position debout, dans un cerveau plus développé que celui de ses prédécesseurs et dans une plus grande capacité à réaliser de nouveaux instruments plus élaborés et plus variés. *Homo erectus* réussit, il y a envi-

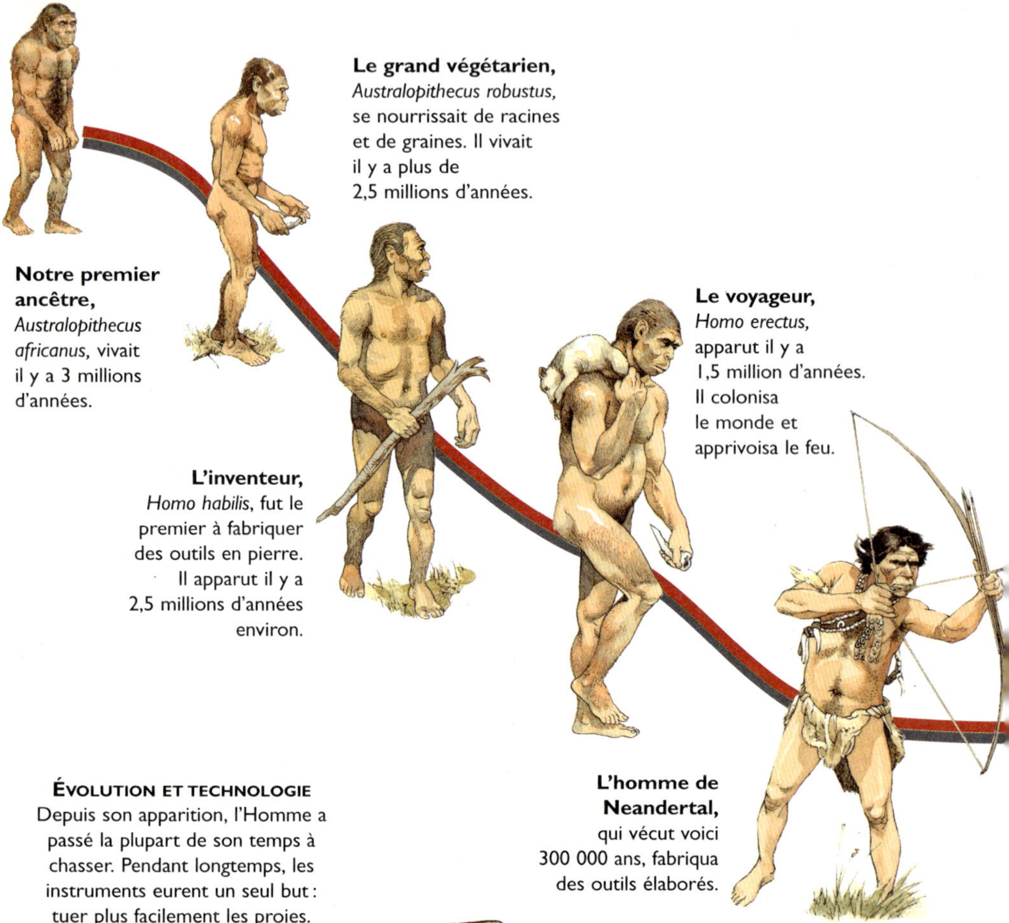

Notre premier ancêtre, *Australopithecus africanus*, vivait il y a 3 millions d'années.

Le grand végétarien, *Australopithecus robustus*, se nourrissait de racines et de graines. Il vivait il y a plus de 2,5 millions d'années.

L'inventeur, *Homo habilis*, fut le premier à fabriquer des outils en pierre. Il apparut il y a 2,5 millions d'années environ.

Le voyageur, *Homo erectus*, apparut il y a 1,5 million d'années. Il colonisa le monde et apprivoisa le feu.

L'homme de Neandertal, qui vécut voici 300 000 ans, fabriqua des outils élaborés.

Évolution et technologie

Depuis son apparition, l'Homme a passé la plupart de son temps à chasser. Pendant longtemps, les instruments eurent un seul but : tuer plus facilement les proies.

Le feu fut obtenu en frappant une pierre contre un morceau de pyrite, ou en frottant rapidement deux baguettes de bois sec.

ron un million d'années, à apprivoiser le feu qui, de danger, devint un moyen de défense contre les animaux et de protection contre le froid.

Nous, *Homo sapiens,* sommes les descendants directs d'*Homo erectus*. Les fossiles les plus anciens concernant *Homo sapiens* (130 000 ans environ) ont été retrouvés en Afrique, continent à partir duquel a été « colonisée » la plus grande partie des terres émergées. La période comprise entre 35 000 et 8 000 ans avant notre ère fut caractérisée par la fabrication de nombreux instruments, armes de chasse et ornements, grâce à des inventions telles que l'incision, et la réalisation d'objets en os, matériau fondamental pour la confection de fines pointes de javelot. Les techniques de façonnage de la pierre se perfectionnèrent à tel point qu'*Homo sapiens* fut capable de fabriquer des lames aussi petites que des feuilles de laurier. Et, tandis que les pièces en silex n'étaient que des objets pratiques, les réalisations

Notre ancêtre direct, *Homo sapiens,* fit son apparition en Afrique il y a 130 000 ans.

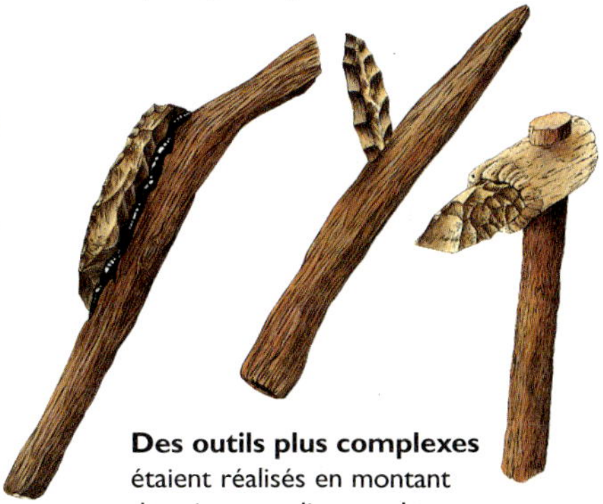

Des outils plus complexes étaient réalisés en montant des pierres polies sur des manches en bois.

Les aliments étaient cuits directement sur le feu, ou bien dans de l'eau chauffée par des pierres brûlantes.

Les premières installations
Elles apparurent au début du néolithique, à proximité des cours d'eau, indispensables pour l'agriculture et l'élevage. Les villages étaient formés d'une ou plusieurs cabanes, souvent sur une hauteur, afin de se protéger des inondations.

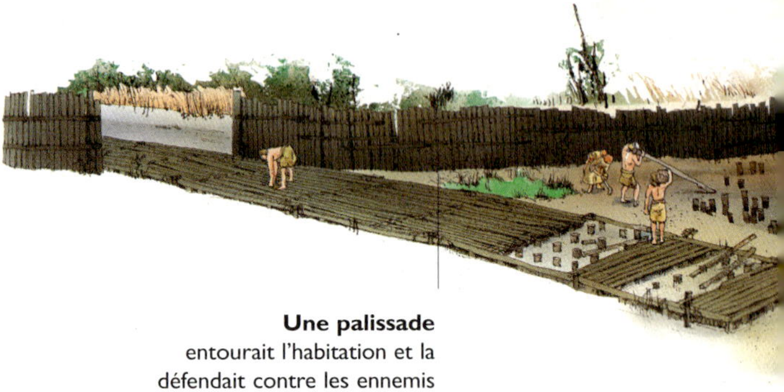

Une palissade entourait l'habitation et la défendait contre les ennemis et les animaux sauvages. Le chien fut le premier animal domestiqué par l'Homme, en Mésopotamie, entre 10000 et 9000 av. J.-C.

La charrue fut inventée pour défricher la terre et faciliter les semailles.

en os ou en corne ressemblaient à de véritables œuvres d'art.

La période qui va de l'apparition d'*Homo habilis* à l'expansion d'*Homo sapiens,* durant laquelle la pierre fut pour l'Homme le matériau principal pour la construction des objets, est appelée paléolithique (c'est-à-dire âge de la pierre ancienne). Les premiers instruments servaient à tuer les animaux, à découper leur viande et à travailler leurs peaux. Il s'agissait donc d'ustensiles nécessaires à la communauté ; la survie de celle-ci dépendait de l'habileté des hommes à la chasse, ou de la chance de trouver sur son chemin des animaux morts ou des fruits comestibles : un mode de vie qui déterminait non seulement le régime alimentaire, mais également l'organisation sociale de la communauté. Les chasseurs-cueilleurs se

Le toit
à deux pentes est construit en paille et en joncs.

Les premières barques
furent d'abord de simples troncs d'arbre que l'on chevauchait, puis que l'on creusa.

Dans des fosses,
desquelles on extrayait de l'argile, on enfouissait les déchets. Grâce à ces « poubelles », les archéologues ont pu reconstituer les habitudes des anciens habitants des premières installations humaines.

Les premières cités lacustres,
ou palafittes, étaient construites sur des pilotis enfoncés dans le sol. Les branches tressées constituant les murs étaient agglomérées avec de la paille et de l'argile.

Le premier garde-manger
était un trou creusé dans la roche, où étaient conservés les céréales et les légumes.

trouvaient souvent en manque de vivres et étaient constamment menacés par les famines. Il leur fallait se déplacer pour trouver la nourriture, et tous les individus devaient contribuer à cette recherche. C'est pourquoi les premières communautés d'*Homo sapiens* étaient nomades, et il n'y avait pas, en leur sein, une diversification du travail. Aucun individu n'aurait survécu s'il avait exercé un métier différent de la

chasse, comme par exemple la fabrication d'ustensiles à troquer contre la nourriture trouvée par ses camarades.

La révolution néolithique

La dernière glaciation se termina il y a environ 10 000 ans. Les calottes glaciaires se retirèrent, le niveau des mers monta, le climat devint plus doux et, sur les continents, les forêts remplacèrent la steppe et la toundra. Le réchauffement de la Terre provoqua un changement, progressif mais radical, des habitudes de vie des êtres humains. Ce phénomène est connu sous le nom de « révolution néolithique » : de la chasse et de la cueillette, les hommes passèrent à l'agriculture et à l'élevage. Ce fut une étape décisive pour l'évolution de l'humanité : l'homme qui cultivait un champ ou qui élevait des animaux dans un enclos abandonnait sa vie nomade pour se sédentariser. Le travail de la terre pour survivre sera le mode de vie qui caractérisera l'humanité entière jusqu'à la révolution industrielle, qui aura lieu au XVIIIe siècle, et où la science et la technique fourniront les instruments pour un développement nouveau et décisif. Encore de nos jours, l'économie de nombreuses régions du monde se base exclusivement sur l'agriculture, et il

LA VILLE ET LES CHAMPS
Les premières villes, élevées 4 000 ans avant notre ère, étaient de simples groupements de maisons faites en briques d'argile séchées au soleil et posées l'une sur l'autre sans mortier.

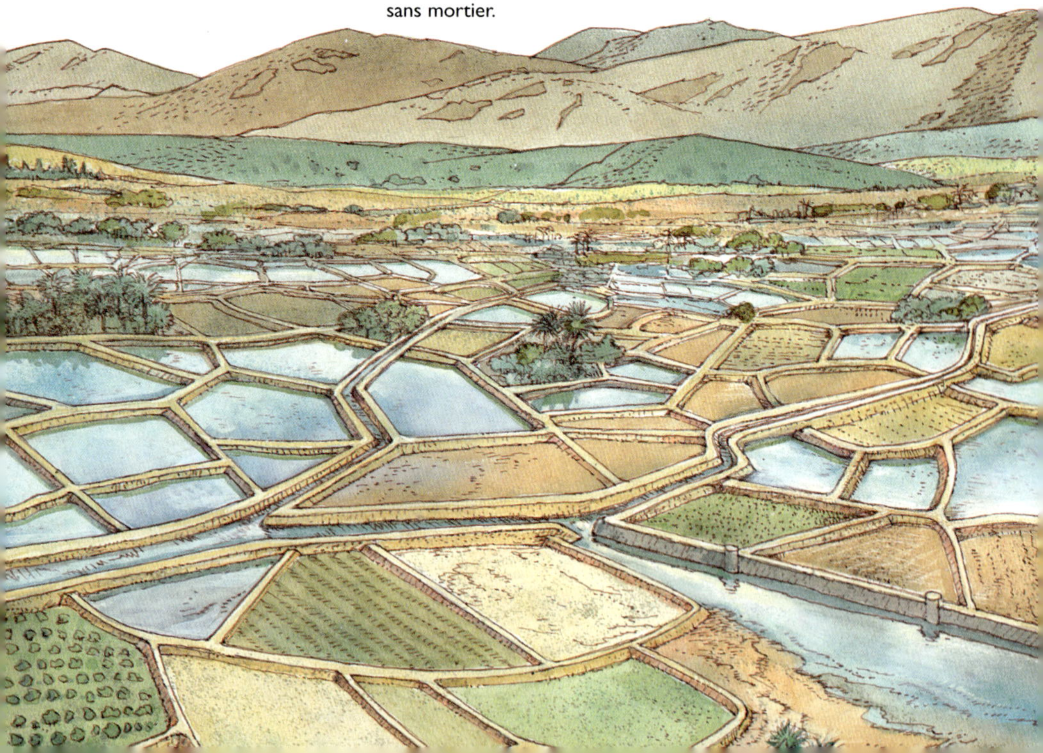

existe également des peuples, comme les aborigènes d'Australie ou les Inuits, qui vivent toujours de la chasse et de la cueillette.

Pourquoi l'Homme est-il devenu éleveur et agriculteur? Pourquoi a-t-il décidé de se sédentariser et de construire des villages? Le climat, plus chaud et plus humide, favorisa de nouvelles cultures. Le fameux Croissant fertile – une région méditerranéenne qui s'étend du désert syrien à la plaine mésopotamienne des fleuves Tigre et Euphrate, jusqu'au golfe Persique – s'est couvert de plantes et d'animaux domesticables. D'autres régions – comme la vallée de

Les outils : des faucilles et un mortier pour moudre le blé.

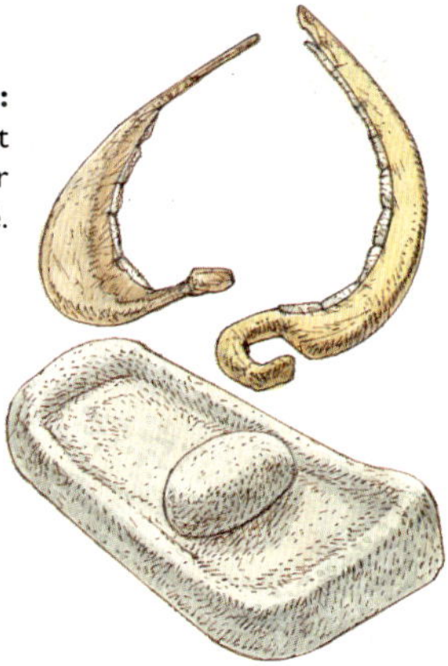

La charrue, entièrement en bois, creusait des sillons peu profonds et ne pouvait pas être utilisée sur des sols lourds.

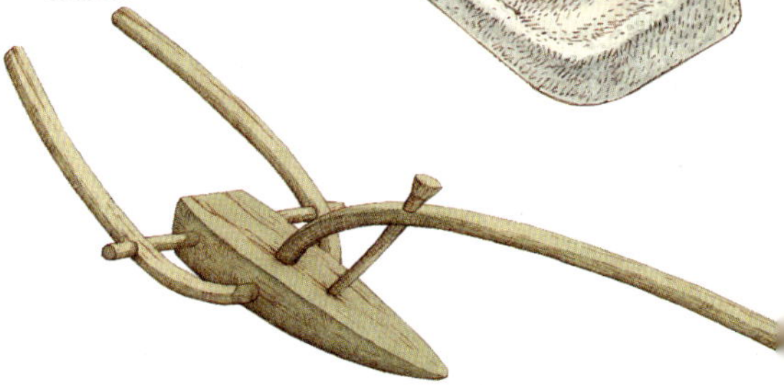

L'ARTISANAT DOMESTIQUE
En abandonnant la vie de chasseurs et de cueilleurs, hommes et femmes eurent plus de temps pour se consacrer à des activités non liées à la production de la nourriture, tels le tissage et la poterie.

Les paniers furent les premiers récipients. Par leur tressage de paille et de joncs, ils constituent l'une des premières formes de tissage.

La cuisson des récipients en argile fut sans doute découverte par hasard, en observant la boue qui durcissait à proximité d'une source de chaleur.

Le fuseau et le métier à tisser permirent la réalisation des premiers tissus.

Des rouleaux en argile disposés en spirale permettaient la fabrication de pots très simples.

l'Indus et celle, en Chine, du fleuve Jaune – ont offert les mêmes avantages. En effet, dans de nombreuses régions de la planète et au même moment, on sema des plantes et on domestiqua des animaux pour obtenir du lait, du sang, de la viande ou des peaux. De nouveaux instruments, façonnés avec les pierres polies (néolithique signifie « âge de la pierre neuve ») parmi lesquels les premières et rudimentaires charrues, permirent un défrichage plus efficace des terrains aboutissant à une surabondance de nourriture.

La naissance de l'artisanat

Depuis le Proche-Orient, la révolution néolithique se répandit en Europe méridionale. La pratique de l'agriculture gagna peu à peu la région occidentale de la Méditerranée. La surproduction alimentaire entraîna une augmentation sensible de la population et, autour de 3000 av. J.-C., les hommes ressentirent la nécessité de trouver des solutions efficaces pour construire des maisons confortables et solides. À partir de cette époque, les villes commencèrent à être peuplées non seulement d'agriculteurs, mais aussi de prêtres, d'administrateurs, d'employés et d'artisans : c'est le début de ce que les historiens appellent la « révolution urbaine ». Dans ces premières villes se développèrent des activités artisanales telles que la mouture du blé, la cuisson de l'argile, le tissage, le filage et la teinture des tissus, la distillation. Certaines techniques furent le résultat d'une suite de tentatives, d'autres naquirent presque par hasard, comme la poterie. Il est probable que

Dans les mines, on exploitait la partie souterraine des filons de minerai qui avaient été repérés en surface.

À l'aide d'un soufflet en peau, on activait le feu pour chauffer le four.

des formes rudimentaires de tissage existaient déjà au début du néolithique, mais les premiers témoignages fiables de la fabrication de tissus remontent à 5000 av. J.-C., lorsque les femmes commencèrent à appliquer leurs connaissances de la confection et du tressage des fils pour construire des paniers et des nattes. Alors que les techniques de fabrication de paniers ne subirent pas de modifications importantes, celles du tissage évoluèrent sans cesse jusqu'à la conception du métier à tisser. Il s'agissait là d'un effort créatif considérable, si l'on pense à la variété des décorations des tissus, et à leurs différents emplois. Avec le développement de ces nouvelles activités, les modes de vie des habitants des premières villes changèrent et s'améliorèrent, grâce à la possession de vêtements, de vaisselle et de nouveaux ustensiles, tandis que la production de biens autres qu'alimentaires favorisa les échanges commerciaux entre les différentes communautés, ainsi qu'en témoignent les

La première industrie
Ceux qui se consacraient à l'extraction du minerai, à son transport et à la métallurgie ne pouvaient plus travailler dans les champs. C'est ainsi qu'apparurent les premiers « ouvriers » spécialisés.

La coulée du métal en fusion dans des moules en pierre permettait d'obtenir les formes souhaitées.

restes archéologiques concernant la dernière époque du néolithique.

Le travail des métaux

Autour de 4000 av. J.-C., les hommes apprirent à extraire et à travailler les métaux, contenus dans le sous-sol, pour fabriquer des ustensiles et des armes. Ce fut une innovation sans précédent : une pierre taillée peut être plus tranchante qu'une lame de métal, mais cette dernière dure plus longtemps, elle peut être affilée plusieurs fois, et surtout, elle peut être modelée à la forme souhaitée. Le cuivre fut le premier métal à être travaillé : on a retrouvé en Égypte des mines de cuivre dont l'exploitation a commencé il y a 6 000 ans. Les hommes comprirent vite que, malgré les avantages qu'il présentait par rapport à la pierre ou au bois, le cuivre était un métal trop mou pour que l'on puisse réaliser des lames efficaces : les premiers forgerons commencèrent alors à fondre le cuivre avec d'autres métaux, afin d'obtenir un alliage plus résistant.

Ainsi, différents types de bronze, contenant parfois du cuivre, du plomb ou de l'arsenic, commencèrent à se répandre. Mais le bronze qui fournit les meilleures caractéristiques fut celui obtenu en fondant dix parts de cuivre avec une part d'étain. Le travail du fer, qu'on peut situer entre 3500 et 3000 av. J.-C., fut un événement extrêmement important, moins pour la production des armes que pour celle des ustensiles : en effet, le fer s'avéra être le métal idéal pour réaliser des tenailles, des scies et des enclumes.

Le tour
fut utilisé pour façonner plus rapidement les récipients en argile. L'utilisation de la roue dans la poterie se répandit à partir de 3500 av. J.-C.

La roue

Parmi les innovations rencontrées jusqu'à présent, il y a une absente de taille : la roue. Nos ancêtres préhistoriques avaient déjà appris à façonner la pierre, à apprivoiser le feu, à extraire les métaux, à cultiver les plantes et à élever les animaux lorsqu'ils comprirent, il y a environ 6 000 ans, l'importance et l'utilité du mouvement rotatif. De nos jours, la roue paraît un objet banal, mais sa découverte et ses premiers emplois ne le furent point. La première roue de potier apparut en Mésopotamie entre 3500 et 3000 av. J.-C., et le premier char avec des roues fut inventé environ 1 000 ans plus tard. Les premiers à se déplacer sur des véhicules dotés de roues furent sûrement les soldats sumériens, du peuple qui à l'époque habitait la Mésopotamie.

La découverte de la roue révolutionna la façon de combattre et, évidemment, les systèmes de transport. En effet, jusqu'alors, le traîneau tiré par des ani-

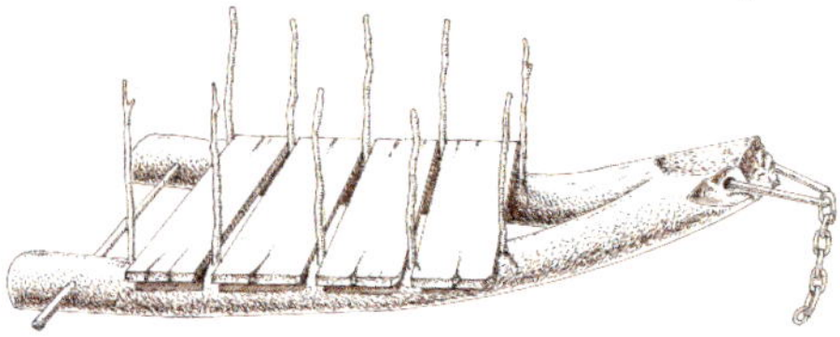

Le traîneau
fut le moyen de transport le plus utilisé avant le char. Il permettait de se déplacer sur la neige, dans les steppes et dans les déserts sablonneux.

Les premières roues
étaient des disques taillés dans une seule pièce de bois. Elles devinrent plus légères grâce à l'invention des rayons.

La menuiserie égyptienne
produisait haches, scies, foreuses et ciseaux nécessaires pour la construction d'embarcations et de chars.

La voile
fut utilisée d'abord par les Égyptiens, pour naviguer sur le Nil à contre-courant.

maux était le seul moyen de transport. Une fois la roue inventée, pour construire un char, il a suffi de monter un traîneau sur deux paires de roues. Cependant, les véhicules sur roues, symbole de prestige et de pouvoir, furent l'apanage d'un petit nombre. En effet, des chars ont été retrouvés dans des tombeaux royaux : ils avaient été enterrés avec leurs propriétaires. Ces sépultures ont permis la conservation d'un certain nombre d'exemplaires jusqu'à nos jours.

Les blocs de pierre étaient taillés en enfonçant des coins en bois dans la roche. Les coins étaient ensuite mouillés et, en se dilatant, ils fendaient la pierre.

De la préhistoire à l'histoire

La satisfaction croissante des besoins élémentaires conduisit l'humanité à des

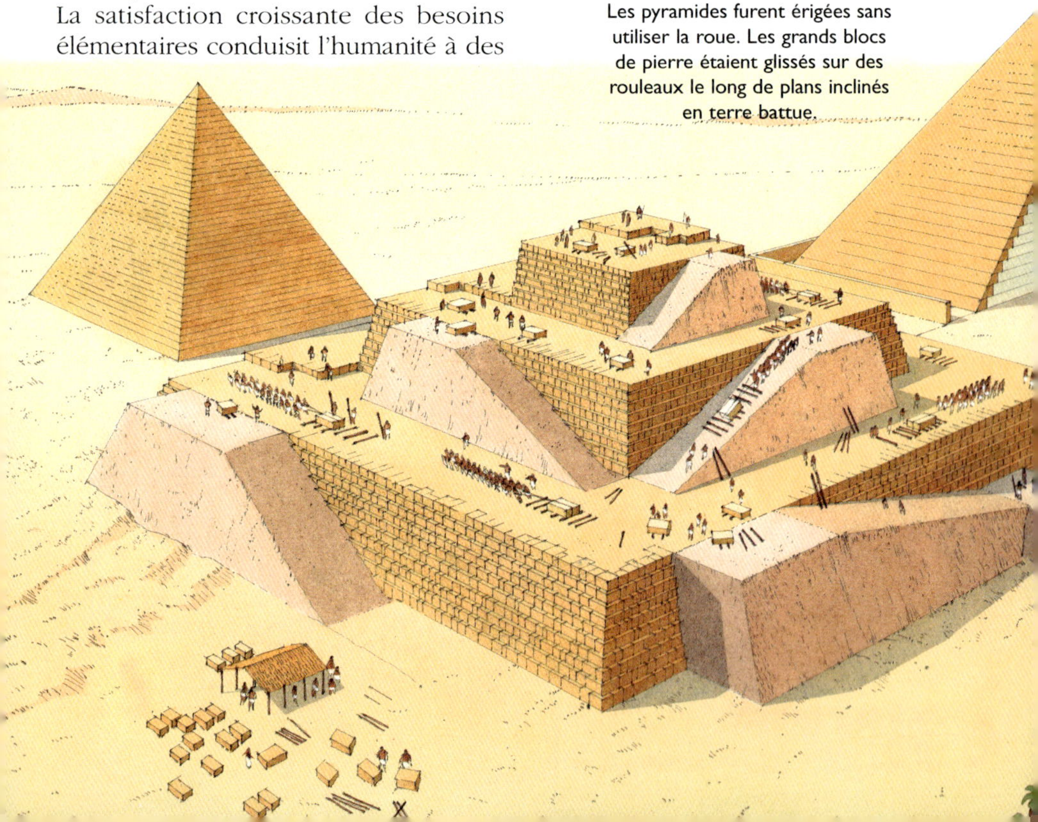

LES GRANDS CONSTRUCTEURS
Les pyramides furent érigées sans utiliser la roue. Les grands blocs de pierre étaient glissés sur des rouleaux le long de plans inclinés en terre battue.

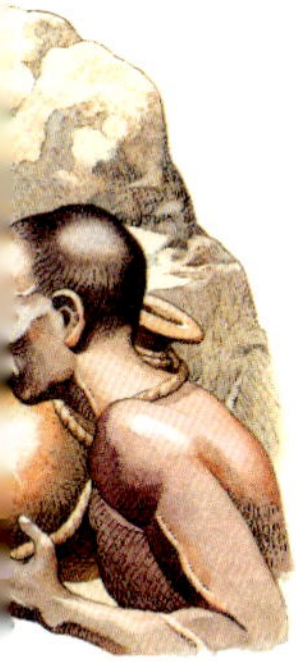

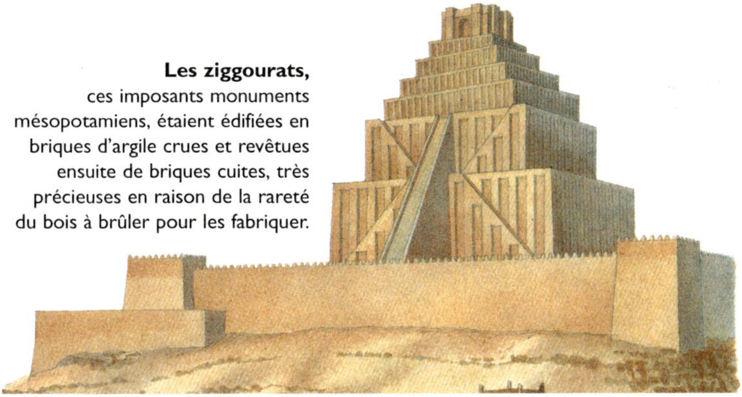

Les ziggourats, ces imposants monuments mésopotamiens, étaient édifiées en briques d'argile crues et revêtues ensuite de briques cuites, très précieuses en raison de la rareté du bois à brûler pour les fabriquer.

formes d'organisation sociale plus complexes. Le développement de la science, et notamment de l'astronomie, favorisa la création de stuctures politiques culminant dans la formation de l'État ; de plus, avec l'invention d'un système organisé de signes et de symboles, à savoir l'écriture, l'humanité quitta la préhistoire pour entrer dans l'histoire.

C'est d'abord en Mésopotamie que l'on assiste à la naissance de l'État, sous la forme des cités-États. Les possibilités offertes par l'environnement, et en particulier par l'influence bénéfique des grands fleuves de la Mésopotamie et du Nil de l'Égypte voisine, mais aussi la nécessité de perfectionner le système de l'agriculture irriguée à travers un travail organisé et discipliné, favorisèrent la

La fabrication des briques : un mélange d'argile et de paille, mis d'équerre avec un moule en bois, et séché au soleil.

mise en place de formes d'État centralisées et réglées par des mécanismes de plus en plus complexes. Après le IVᵉ millénaire, les sociétés sumérienne et égyptienne comprenaient de nouvelles classes sociales : artisans, prêtres, fonctionnaires occupés dans l'administration des biens du roi ou du pharaon. Ce furent les Sumériens qui créèrent un système de signes conventionnels pour enregistrer les recettes et les dépenses : ainsi naquirent les premières formes d'écriture, de petits signes gravés sur des tablettes d'argile. Dans l'histoire de l'humanité, l'invention de l'écriture a été une étape capitale pour la transmission du savoir. Pour les historiens, cet événement marque le passage de la préhistoire à l'histoire.

Mais les grandes civilisations du passé nous ont surtout laissé en héritage leurs somptueux et imposants édifices, dont les dimensions représentent une grande nouveauté en matière de construction. En Mésopotamie, il n'y avait pas de pierre, et le bois était rare. Dans la vallée du Nil, les Égyptiens disposaient en revanche d'une pierre d'excellente qualité. Les techniques de construction étaient fondées sur des principes très simples : la traction sur des rouleaux, le plan incliné et le niveau à eau. En utilisant des briques d'argile séchées au soleil, les Sumériens élevèrent des murs d'une épaisseur de 2,5 m et réalisèrent des colonnes de brique pour soutenir leurs temples gigantesques. Quant aux Égyptiens, ils bâtirent en pierre leurs pyramides et leurs temples sous la direction de prêtres architectes experts en mathématique et en astrono-

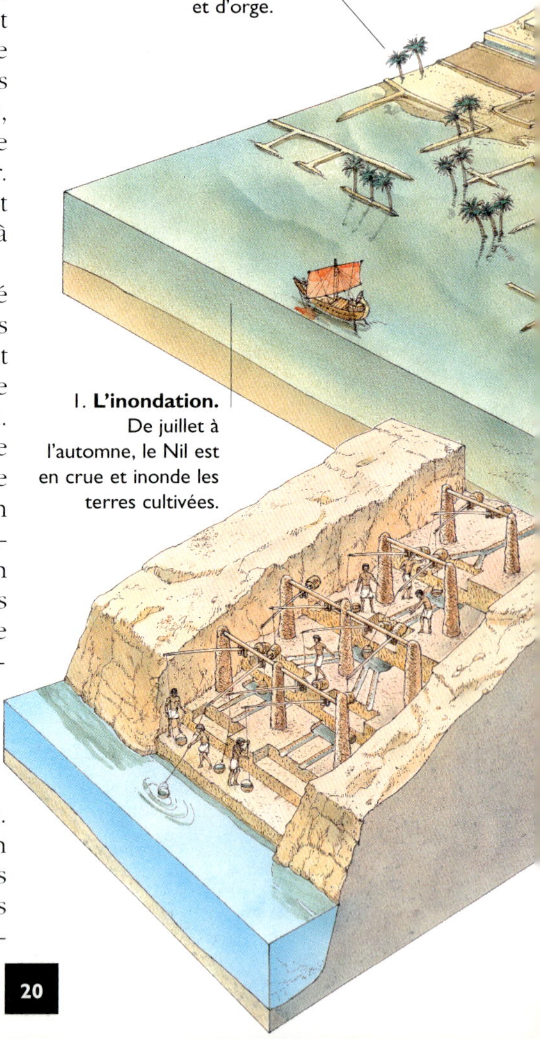

L'AGRICULTURE ÉGYPTIENNE
L'activité du Nil réglait l'agriculture et le calendrier. L'année était divisée en trois saisons : inondation (1), décrue des eaux (2), période de sécheresse (3).

Les villages sont construits sur des hauteurs, à l'abri des inondations.

Sous les palmiers dattiers s'étendent les cultures de blé et d'orge.

1. **L'inondation.** De juillet à l'automne, le Nil est en crue et inonde les terres cultivées.

mie : la disposition de nombreux édifices évoque celle de certaines constellations. Les tailleurs de pierre façonnaient les blocs, que plaçaient des paysans travaillant à la construction des édifices en dehors des saisons agricoles. Les Égyptiens avaient réalisé le système d'irrigation des champs le plus complexe de l'Antiquité. Dans une région désertique et aride, ils surent exploiter les crues régulières du Nil, causées par les pluies qui l'alimentaient en amont, sur les plateaux éloignés de l'Afrique de l'Est. Pour contrôler et planifier les bienfaits des inondations, les Égyptiens construisirent des digues et des canaux, apprivoisant les caprices de la nature.

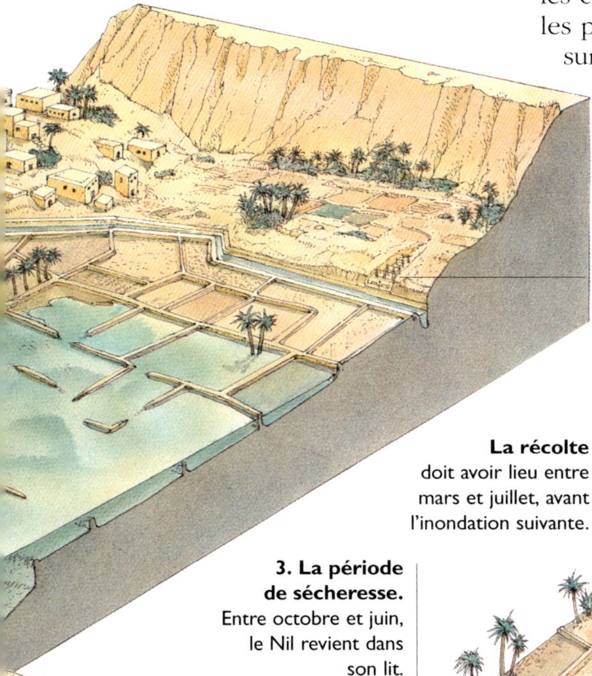

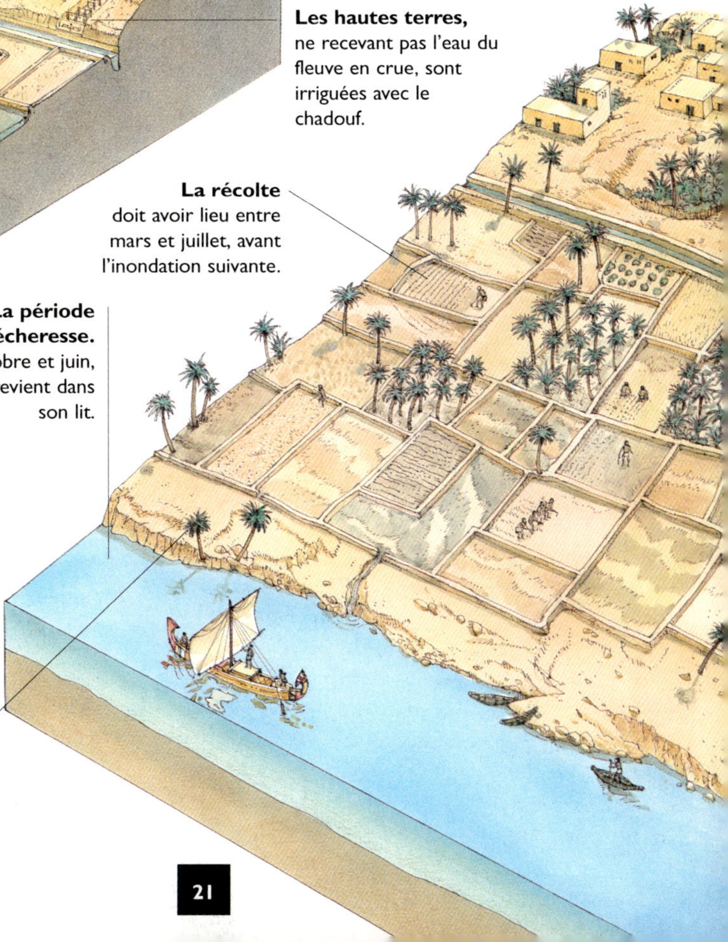

Grandes civilisations, peu de technique

Grecs et Romains furent les protagonistes de l'histoire de l'Antiquité, et leur culture a influencé le monde d'aujourd'hui. S'ils n'apportèrent pas d'innovations technologiques majeures, ils furent de grands architectes et d'habiles ingénieurs.

Au cours de l'époque « classique », comprise entre le VIIIe siècle av. J.-C. – naissance des premières *poleis* (cités-États) grecques – et le Ve siècle apr. J.-C. – chute de l'Empire romain d'Occident –, se constituèrent dans de nombreux secteurs (philosophie, droit, art, littérature…) les fondements de ce que nous appelons aujourd'hui la culture occidentale. On constate un grand déséquilibre entre le niveau remarquable atteint par les Grecs et les Romains dans les domaines de la religion, de la philosophie, des sciences politiques, des institutions, de la poésie, de l'art, des sciences pures, et les modestes progrès technologiques. Hormis les techniques militaires et celles de la construction, l'époque classique se limita surtout à exploiter les idées et les instruments déjà existants. De nombreux historiens attribuent la cause de ce retard technologique à la

La vis d'Archimède, en tournant sur elle-même, fait remonter l'eau dans un cylindre creux.

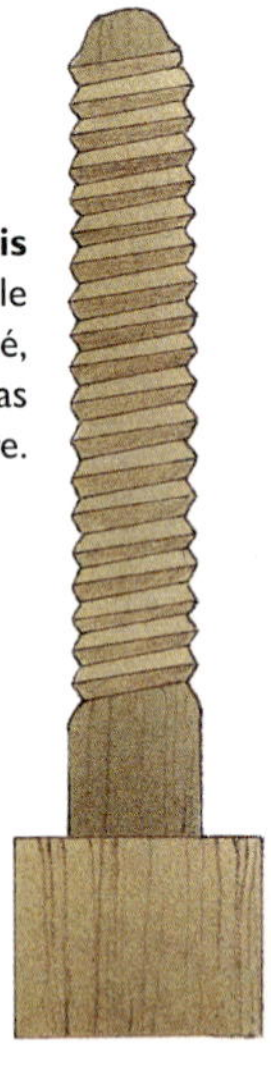

La vis est fondée sur le principe du plan incliné, enroulé dans ce cas autour d'un cylindre.

Le plan incliné, qui permet d'élever une charge avec peu d'effort, était considéré par les Grecs comme une machine.

Le principe du levier fut formulé par Archimède. La force appliquée loin du point d'appui peut égaler une force plus grande appliquée près du point d'appui.

L'horloge de Ctésibios : goutte après goutte, le niveau de l'eau s'élève et l'aiguille fixée sur le flotteur monte.

pratique de l'esclavage : les Grecs et les Romains ne ressentaient pas la nécessité d'innover. Pourquoi, en effet, faciliter la tâche à une main-d'œuvre si peu coûteuse ? Selon l'écrivain latin Sénèque (Ier siècle av. J.-C.), la plupart des inventions de son temps ont été réalisées par des esclaves, les seuls à s'intéresser aux aspects pratiques de la vie.

Une économie de type agricole, la garantie du bien-être fondée sur le commerce et, surtout pour les Romains, sur la domination d'autres peuples constituent les raisons du faible intérêt que les hommes de l'Antiquité manifestèrent pour les innovations liées au travail et à la production.

Les inventions pratiques, qui concernaient surtout l'élaboration et la transmission des informations, favorisèrent la croissance de l'économie. Toute société améliore ses connaissances dans les domaines jugés les plus critiques pour sa conservation et son développement. C'est pourquoi les Romains, qui dominèrent le plus vaste empire de l'Antiquité, apportèrent d'importantes innovations dans l'art de la guerre et dans le génie militaire et civil.

La technologie grecque et romaine

Vers 1400 av. J.-C., les Hellènes, ancêtres des Grecs, firent de grands progrès dans le domaine de la métallurgie, en perfectionnant et en diffusant autour de la mer Égée la technique d'extraction des métaux par fusion. Cela consistait à séparer la roche et le métal en faisant chauffer ce dernier jusqu'à le réduire à l'état fluide, le séparant ainsi de la roche solide. La civilisation hellénique fut la première à comprendre l'importance du

Les tailleurs de pierre grecs utilisaient des outils en fer. Leur technique fut imitée pendant deux millénaires.

Les temples grecs en pierre étaient inspirés des édifices en bois. Le plus célèbre est le Parthénon d'Athènes, que Périclès fit ériger entre 447 et 432 av. J.-C.

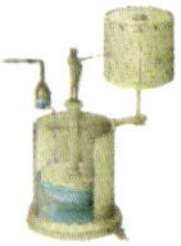

rôle de chaque composant d'une machine (le levier, la vis, la roue dentée, le coin) pour un fonctionnement efficace. Archimède, le plus célèbre des inventeurs grecs, qui vécut à Syracuse entre 290 et 211 av. J.-C., est considéré comme le concepteur de la plupart de ces engins. Ctésibios (IIIe siècle av. J.-C.) et Héron d'Alexandrie (Ier siècle apr. J.-C.) fabriquèrent des pompes, des orgues à vent et à eau, et une machine à vapeur rudimentaire. Mais leurs intuitions furent surtout appliquées aux machines de guerre et aux machineries ingénieuses, fabriquées dans un but plus esthétique qu'utilitaire. Même les temples grecs, que nous admirons encore aujourd'hui, ne présentaient pas d'innovations technologiques significatives. Les édifices les plus anciens étaient bâtis en brique crue et ne tenaient que sur des charpentes en bois, peu différentes de celles

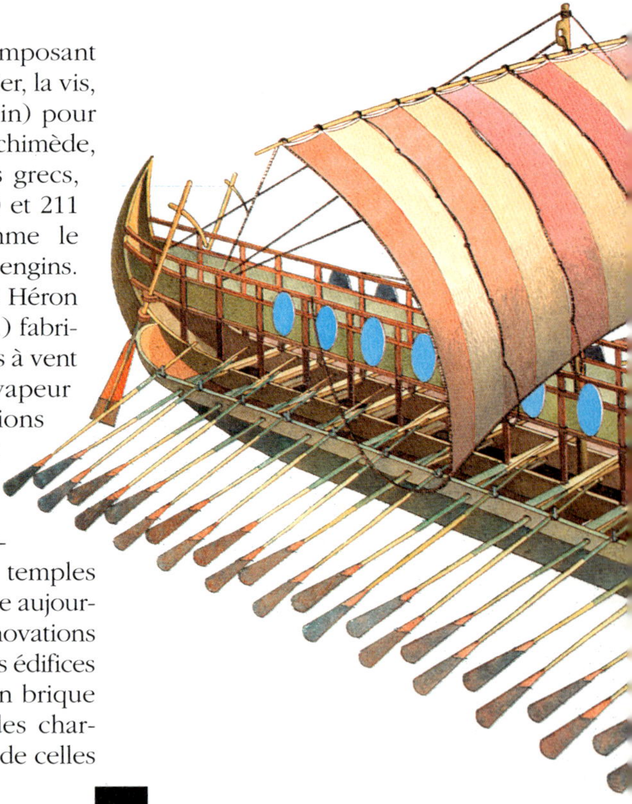

de la dernière époque du néolithique. La Grèce était un pays si riche en pierre de construction qu'on l'appelait la péninsule du marbre. Au Ve siècle av. J.-C., le marbre fut en effet le matériau le plus utilisé pour la construction de temples et de palais. Le Parthénon et un grand nombre d'édifices publics d'Athènes furent construits avec le pentélique, marbre blanc extrait de la montagne éponyme située au nord d'Athènes. Son excellente qualité permit aux architectes et aux sculpteurs grecs de réaliser des sculptures et des bâtiments uniques dans l'histoire de l'architecture.

Les Grecs innovèrent aussi dans les techniques de la navigation. Les bateaux décrits par Homère dans *L'Iliade* et *L'Odyssée* étaient construits avec la même technique que celle utilisée aujourd'hui pour fabriquer la plupart des embarcations en bois : la quille était déjà bien connue des Grecs, alors que les maîtres charpentiers du nord de l'Europe ne l'adopteront que plusieurs siècles plus tard. Dès le VIe siècle av. J.-C., les Grecs construisaient différemment les bateaux de guerre et les navires marchands. Les premiers étaient longs et possédaient, en plus de la voile rectangulaire, différents niveaux de rames ; les bras des marins fournissaient la poussée nécessaire pour faire avancer le bateau en cas d'absence de vent ou pour naviguer contre le vent. Les navires marchands étaient en revanche plus ventrus et, étant dépourvus de rames, ils ne pouvaient naviguer que poussés par le vent. Les raisons de ce choix étaient économiques : les marchands n'auraient pas pu assumer le coût d'un équipage de rameurs.

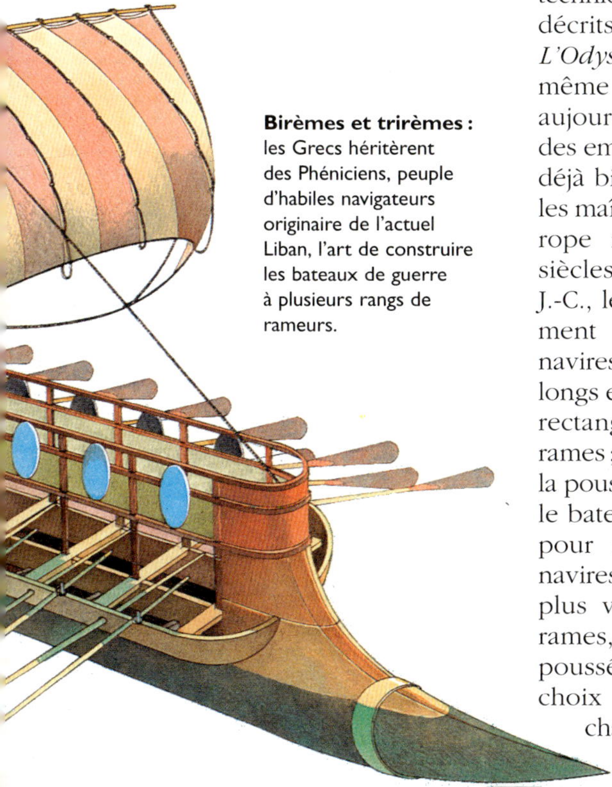

Birèmes et trirèmes : les Grecs héritèrent des Phéniciens, peuple d'habiles navigateurs originaire de l'actuel Liban, l'art de construire les bateaux de guerre à plusieurs rangs de rameurs.

Un empire d'ingénieurs

Comme la civilisation grecque, la civilisation romaine n'apporta pas d'innovations technologiques extraordinaires, et les plus significatives se limitèrent au secteur militaire et à celui des ouvrages publics. Rome s'agrandit guerre après guerre. En 300 av. J.-C., elle contrôlait l'Italie méridionale ; en 240, elle chassa les Carthaginois de la Sicile et, au début du IIe siècle av. J.-C., elle était déjà une grande puissance méditerranéenne. À partir du Ier siècle apr. J.-C., elle était à la tête d'un empire immense. Certes, les militaires romains inventèrent de nouvelles machines de guerre, mais, le plus souvent, ils perfectionnèrent les procédés des Grecs. Ils furent des maîtres inégalés dans l'art de la guerre : la discipline et l'organisation des troupes sur le champ de bataille étaient leurs meilleures armes. Mais c'est avec la réalisation d'ouvrages publics grandioses que l'État romain assurait son prestige et sa popularité. Au Ier siècle apr. J.-C., Rome possédait des rues pavées, des égouts, des aqueducs, des systèmes anti-incendie qui auraient pu rivaliser avec ceux des capitales européennes du XIXe siècle. En

LES ROUTES ROMAINES
Elles furent essentielles pour le triomphe de Rome. Dans l'Empire, on construisit 90 000 km de voies consulaires et 200 km de routes secondaires.

Des forêts entières furent abattues pour obtenir le bois nécessaire pour les chantiers de construction navale et pour les habitations.

Les pierres milliaires étaient posées sur les côtés de la route et indiquaient, en milles, la distance jusqu'à Rome.

La route
était faite de couches de terre battue, de gravats et d'un pavage en pierre.

revanche, l'agriculture et l'artisanat, exercés par les particuliers, firent très peu de progrès.

L'Empire romain contrôlait des ressources immenses, et, pour les exploiter, son premier souci fut de construire des routes. Celles-ci permettaient les mouve-

Les tunnels
étaient creusés à la main.

Les ponts
permettaient d'enjamber les gorges dans les montagnes.

La grue
servait à soulever des blocs de pierre.

ments des troupes, le contrôle de l'empire ainsi que le déplacement des marchandises, même si le transport par voie de terre n'était pas le plus économique : en effet, le coût des marchandises lourdes ou volumineuses doublait tous les 160 kilomètres de trajet à parcourir. L'amélioration des vieilles techniques de construction ainsi que l'utilisation de nouvelles méthodes et de nouveaux matériaux furent déterminantes pour la réalisation de ces infrastructures. La maçonnerie en béton (sable et gravier mélangés à de l'eau et à du ciment), déjà connue en Asie Mineure, fut perfectionnée par les Romains. L'utilisation du mortier se généralisa : le mélange obtenu était imperméable à l'eau, et donc très adapté pour construire les coupoles et les voûtes

des thermes. Parmi les pierres de construction les plus répandues figuraient le travertin, une roche calcaire extraite dans les vallées du Tibre et de l'Aniene, et le tuf, un conglomérat d'origine volcanique. L'emploi de briques en argile donna également d'excellents résultats. Jusqu'à l'avènement d'Auguste (27 av. J.-C.), on les laissait

L'énergie nécessaire pour faire tourner l'énorme roue était fournie par le poids des ouvriers qui marchaient à l'intérieur.

Le palan : la corde glissait autour de quatre poulies. L'action de quatre hommes (deux par roue) permettait de soulever un poids de 10 tonnes.

sécher au soleil ; puis on commença à les faire cuire dans des fours.

La naissance de l'empire marqua aussi le triomphe du marbre. Auguste aurait dit : « J'ai trouvé une Rome de brique, et je l'ai laissée en marbre » : en effet, le marbre fut utilisé non seulement pour bâtir de nouveaux édifices, mais aussi pour recouvrir et embellir les bâtiments déjà existants.

L'arc

C'est l'un des éléments architecturaux les plus fréquents dans les constructions romaines. Les Romains apprirent des Étrusques l'art de construire les arcs, et ils surent les réaliser avec une grande habileté. Ils perfectionnèrent la technique de construction pour l'appliquer aux ponts et aux aqueducs, et réussirent à développer au plus haut niveau les deux extensions naturelles de l'arc : la

Les voûtes et les arches, de diverses formes, n'étaient qu'une succession d'arcs orientés de façons différentes.

Le Colisée, ou amphithéâtre flavien, fut construit vers 75 apr. J.-C.

coupole et la voûte. Les architectes de la Rome antique se rendirent compte qu'en alignant un certain nombre d'arcs on pouvait obtenir une voûte en berceau, et qu'en superposant deux voûtes en berceau on pouvait réaliser une voûte d'arête. La coupole aussi est, en quelque sorte, un dérivé de l'arc : il suffit d'imaginer un arc qui fasse un tour complet sur lui-même.

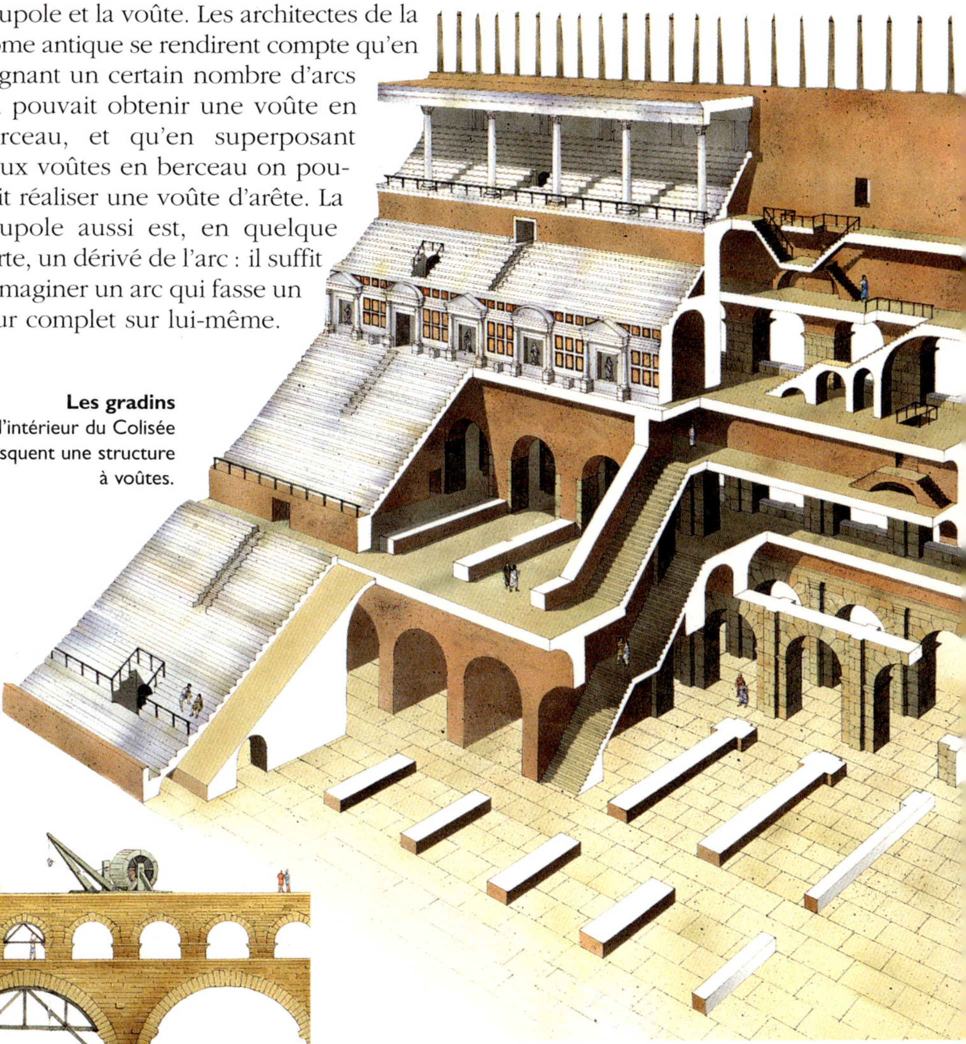

Les gradins de l'intérieur du Colisée masquent une structure à voûtes.

Les aqueducs comptent parmi les réalisations architecturales les plus stupéfiantes de la civilisation romaine. C'est l'application extrême de l'arc, dont le poids est distribué de façon uniforme sur chacune des briques qui le composent. Avec un seul arc en pierre, les Romains réussissaient à couvrir un espace de 20 mètres. Ces ponts et ces aqueducs étaient si solides que nombre d'entre eux sont encore debout, après deux mille ans.

Les Romains édifièrent des coupoles imposantes, dont la plus célèbre est celle du Panthéon (vers 120 apr. J.-C.), d'un diamètre de 43,30 mètres. Le premier aqueduc, construit en 300 av. J.-C. pour apporter l'eau potable à Rome, était complètement souterrain. Le gigantesque aqueduc de Claude nécessita quatorze ans de travaux, pendant lesquels furent utilisés, chaque année, quarante mille charrois de blocs de tuf. Mais les Romains n'approvisionnaient pas en eau potable seulement la capitale de l'empire. On peut

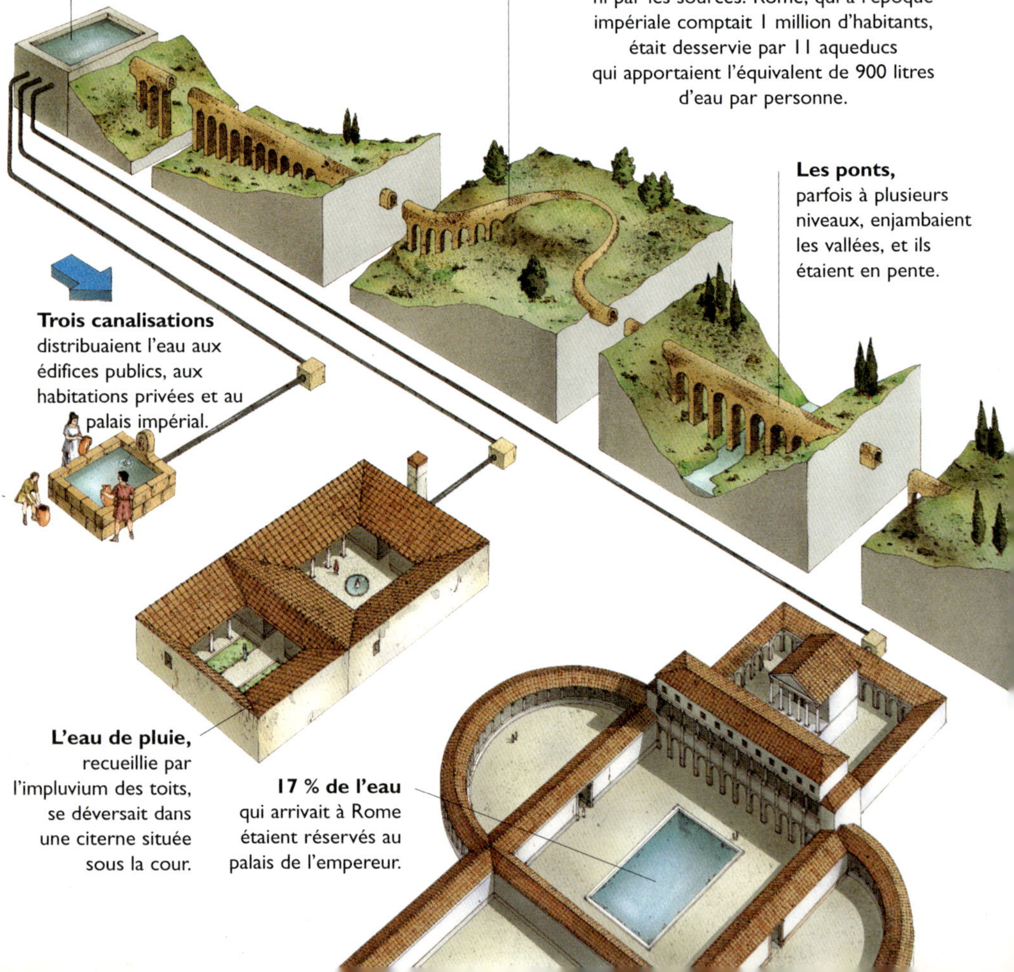

Les bassins, dans la partie haute des villes, recueillent les eaux qui s'y déversent.

Les tournants prolongent l'aqueduc afin d'obtenir une pente optimale.

L'APPROVISIONNEMENT EN EAU

Les aqueducs construits par les Romains garantissaient l'approvisionnement en eau seulement aux villes dont la consommation ne pouvait être satisfaite ni par les puits ni par les sources. Rome, qui à l'époque impériale comptait 1 million d'habitants, était desservie par 11 aqueducs qui apportaient l'équivalent de 900 litres d'eau par personne.

Les ponts, parfois à plusieurs niveaux, enjambaient les vallées, et ils étaient en pente.

Trois canalisations distribuaient l'eau aux édifices publics, aux habitations privées et au palais impérial.

L'eau de pluie, recueillie par l'impluvium des toits, se déversait dans une citerne située sous la cour.

17 % de l'eau qui arrivait à Rome étaient réservés au palais de l'empereur.

encore de nos jours admirer ces longues successions d'arcs sur plusieurs niveaux, dans diverses régions de France (dont le pont du Gard), d'Espagne (Ségovie), d'Italie et d'Égypte. L'Allemagne romaine avait de grands aqueducs à Cologne, Bonn, Mayence et Trèves. Cependant, malgré le grand intérêt qu'ils manifestèrent pour l'eau et son exploitation, les Romains ne l'utilisèrent jamais comme source d'énergie. Ils connaissaient le moulin à eau, mais ils en firent un usage limité, lui préférant les moulins actionnés par les hommes ou par les animaux.

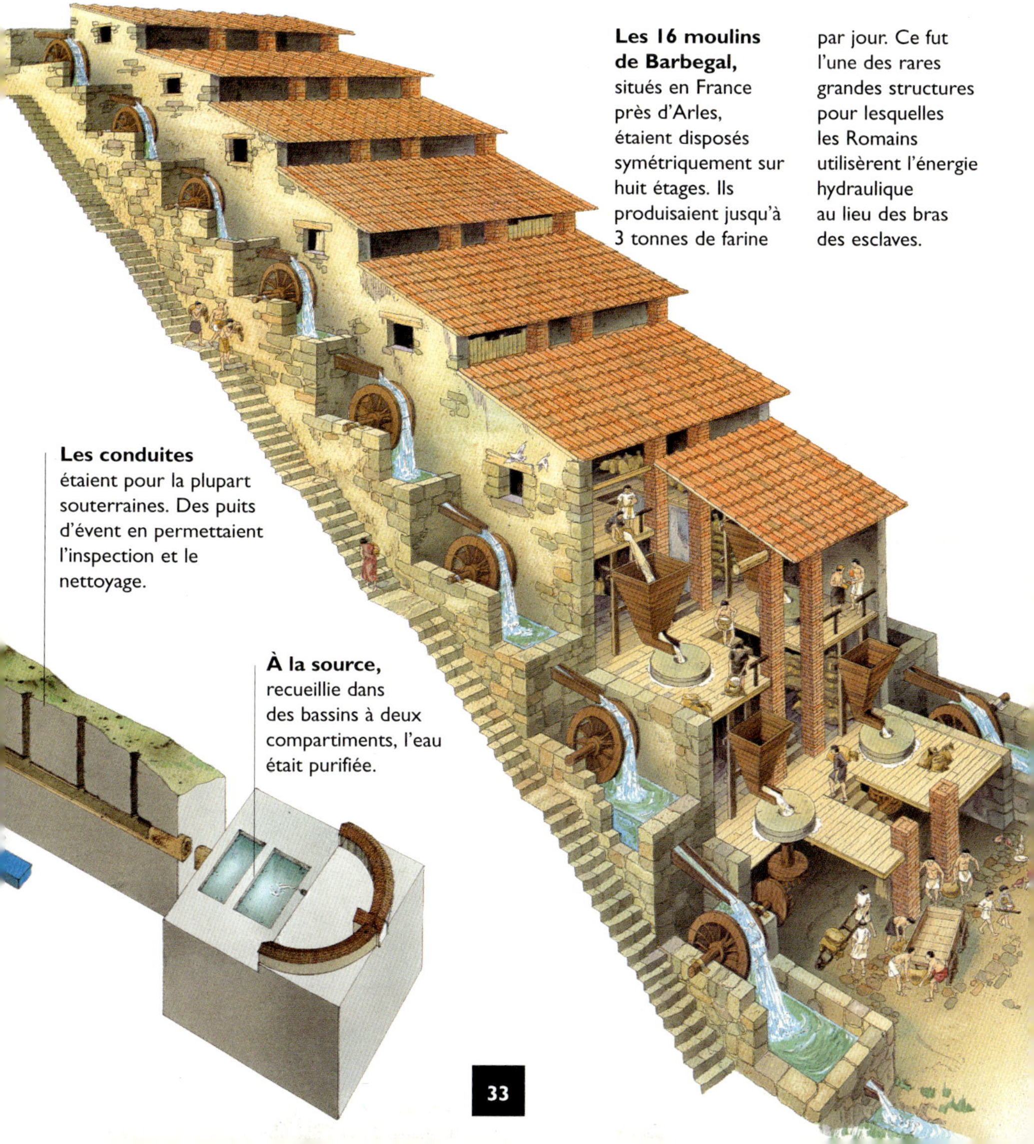

Les 16 moulins de Barbegal, situés en France près d'Arles, étaient disposés symétriquement sur huit étages. Ils produisaient jusqu'à 3 tonnes de farine par jour. Ce fut l'une des rares grandes structures pour lesquelles les Romains utilisèrent l'énergie hydraulique au lieu des bras des esclaves.

Les conduites étaient pour la plupart souterraines. Des puits d'évent en permettaient l'inspection et le nettoyage.

À la source, recueillie dans des bassins à deux compartiments, l'eau était purifiée.

Déclin et essor de l'Europe

La fin de l'époque classique plongea l'Europe dans une période de décadence. D'autres peuples apportèrent leur contribution au progrès technologique. Leurs inventions furent utilisées par les Européens, qui, à partir du XIe siècle, entamèrent une nouvelle phase d'expansion.

À la fin du Ve siècle, sous la poussée des grands mouvements de populations connus sous le nom d'invasions barbares, l'empire et les institutions politiques édifiés par les Romains s'écroulent. Cet événement marque l'amorce d'un processus de déclin de l'Europe qui durera cinq siècles environ. On fait coïncider le début de cette période réputée obscure, que l'on appelle le Moyen Âge (âge du milieu), avec la fin de l'Empire romain d'Occident, en 427. C'est à partir de cette date conventionnelle qu'on assiste à la disparition des plus grands centres de transmission du savoir classique : en 529, l'empereur Justinien ordonne à Athènes la fermeture de l'Académie et du Lycée. En 641, les Arabes détruisent le temple dédié aux Muses (Museum), à Alexandrie. Le patrimoine culturel de l'Antiquité s'effondre en partie, et les routes, les ponts,

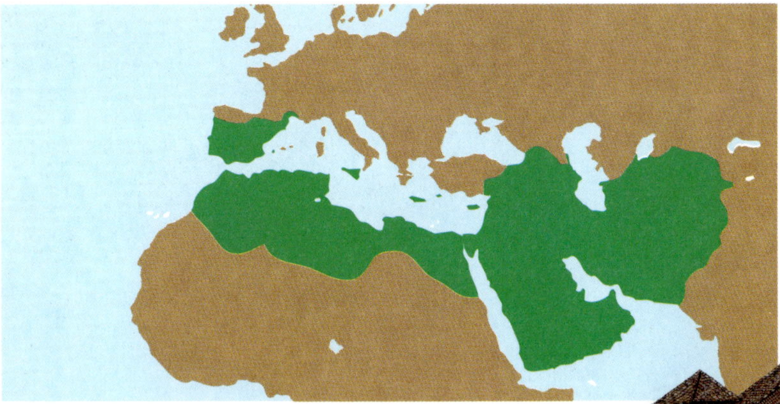

Les Arabes, en cent ans, conquirent de l'Asie centrale aux Pyrénées. Leur empire resta unifié seulement jusqu'au Xe siècle, mais leur langue, leur religion et leurs voies de communication furent conservées.

les aqueducs et tous les autres fondements de la civilisation urbaine tombent en ruine. Ce processus de retour à la barbarie n'épargne pas les empereurs : en l'an 800, Charlemagne – qui fut le premier, avec son empire, à restituer une dignité et une certaine unité politiques aux peuples européens – savait à peine lire et écrire. Mais peu à peu l'Europe réussira à retrouver le chemin de la civilisation et à surmonter les obstacles qui avaient limité le progrès technologique des Romains.

Les Arabes

Du VIIIe siècle au XIIIe siècle, au moins, le monde musulman – qui s'étendait de l'Arabie au Moyen-Orient et de l'Afrique du Nord à l'Espagne – sera le véritable héritier de la civilisation classique. La technologie arabe fait ainsi la synthèse de diverses cultures techniques : celles de Grèce et de Rome, auxquelles s'ajoutèrent les contributions des peuples

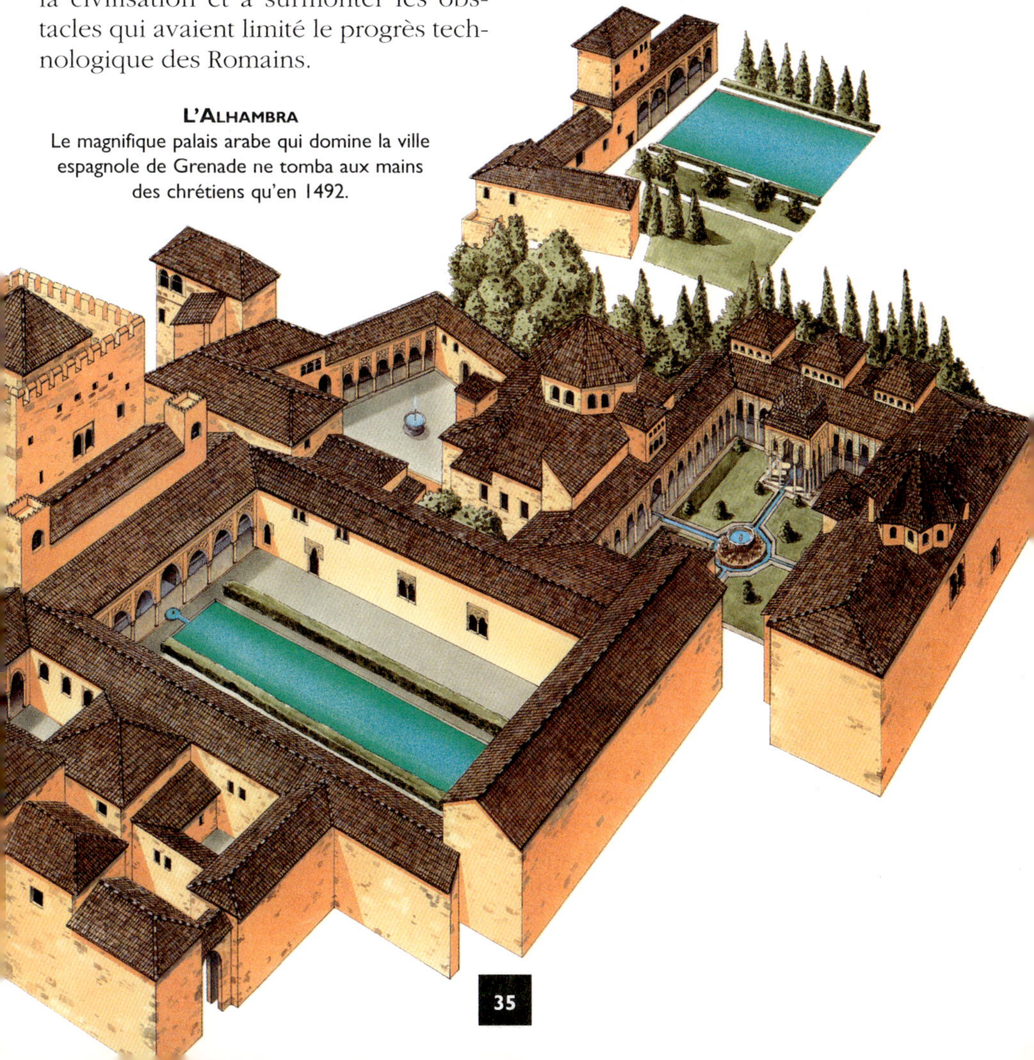

L'Alhambra
Le magnifique palais arabe qui domine la ville espagnole de Grenade ne tomba aux mains des chrétiens qu'en 1492.

d'Asie centrale, d'Inde, d'Afrique et d'Extrême-Orient. Les musulmans archivèrent les connaissances recueillies dans de grandes bibliothèques.

Plus qu'à élaborer des techniques, ces connaissances servirent aux Arabes à réaliser d'importants progrès scientifiques : ils inventèrent l'algèbre et la numération en chiffres, perfectionnèrent les connaissances en astronomie, découvrirent l'alcali parmi les substances chimiques, bien avant que la chimie ne s'affirme comme une science.

Ensuite, les Arabes réussirent à transformer leur savoir scientifique en conquêtes technologiques, produisant la naphte, un dérivé inflammable du pétrole, réalisant de véritables industries de parfums et d'acides.

Ils excellèrent dans la synthèse de colorants pour la teinture des tissus et contribuèrent également à l'expansion de l'industrie textile : fabrication de tissus de très haute qualité comme le damas, qui doit son nom à une ville syrienne, la mousseline de Mossoul, en Irak, et la futaine, de Fustat, en Égypte.

Ils inventèrent aussi la voile triangulaire dite latine, innovation très importante pour la navigation. Dans le domaine alimentaire, ils cultivèrent la canne à sucre, employée comme édulcorant, et ils introduisirent sur les tables européennes des aliments d'origine asiatique tels que le riz, les oranges et les artichauts.

L'importation provenant d'Extrême-Orient qui aura le plus de succès sera celle du papier : on dit que les Arabes le connurent grâce à des artisans chinois capturés lors de la conquête de

La voile latine
fut la première voile apte à prendre le vent sur les deux côtés et, par conséquent, à propulser les bateaux plus rapidement.

Les tissus colorés
réalisés dans les pays arabes envahirent les marchés européens et orientaux. Ils étaient souvent richement colorés et décorés avec des images d'êtres vivants, malgré l'interdiction de la religion musulmane de réaliser de telles reproductions.

Samarkand, en 753. Après le XIIe siècle, le monde arabe devint moins actif dans le domaine technologique : cela est dû probablement aux défaites militaires – d'une part, la perte de l'Espagne à l'ouest et, d'autre part, les invasions mongoles à l'est.

La Chine

Jusqu'au XVe siècle, les Chinois réussirent, mieux que les Européens, à mettre en pratique leurs connaissances scientifiques. Inventé en l'an 100, le papier se répandit rapidement dans tout l'Orient ; mais ce ne fut que l'un des nombreux

Les colorants étaient extraits des racines des plantes, des substances minérales ou des insectes. Le secret des procédés était jalousement gardé.

Dans des cuves, on délayait les poudres colorantes, puis les tissus y étaient immergés. Ensuite, les étoffes séchaient au soleil.

LE PAPIER
On en fabriquait déjà en Chine autour de l'an 100, en étendant des fibres de bambou sur des filets de pêche.

succès technologiques réalisés par cette civilisation florissante depuis l'an 2000 av. J.-C.

La survie de la population était étroitement liée aux inondations bénéfiques, mais aussi dévastatrices, du fleuve Jaune, et de ce fait les Chinois accomplirent d'importants progrès en ingénierie hydraulique : une plus grande maîtrise des techniques d'inondation des champs favorisa l'expansion de la culture du riz dans les régions méridionales. Ils inventèrent aussi de nouveaux instruments agricoles, tels que la charrue en fer qui retournait les mottes de terre ou les machines à semer (semoirs). Les Chinois construisirent mille cinq cents ans avant les Européens des hauts-fourneaux pour fondre le fer ; ils fabriquaient également des objets en porcelaine et travaillaient le laiton. Vers l'an 100 av. J.-C., en découvrant que les aimants s'orientent en direction du nord, ils accomplirent un premier pas vers l'invention de la boussole. Le premier texte imprimé sur papier vit le jour en 868. À la même période furent inventés le compas et la poudre à canon, et, en 969, des roquettes rudimentaires étaient utilisées comme armes de combat. Au XIVe siècle, la Chine fut très proche de l'industrialisation. Cependant, elle ne réussit pas à atteindre le niveau de progrès technologique qu'atteindra l'Europe un peu plus tard. Elle aurait pu dominer le monde, mais son élan fut coupé par l'instauration d'une politique conservatrice et par l'isolement de ses classes dirigeantes. En 1644, les Mandchous s'emparèrent du pouvoir des Ming. L'empire mandchou, à son apogée au XVIIIe siècle, se ferma aux étrangers jusqu'au XIXe siècle.

L'arbalète
fut inventée par les Chinois au VIe siècle avant notre ère.

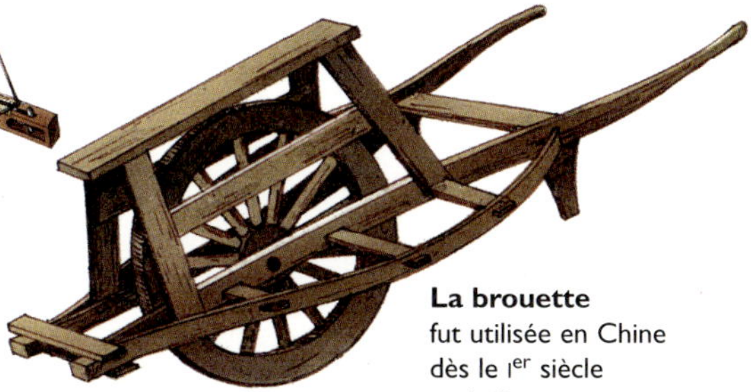

La brouette
fut utilisée en Chine dès le Ier siècle av. J.-C.

L'étrier
est apparu en Chine au IIe siècle apr. J.-C., il offrait aux cavaliers une plus grande stabilité.

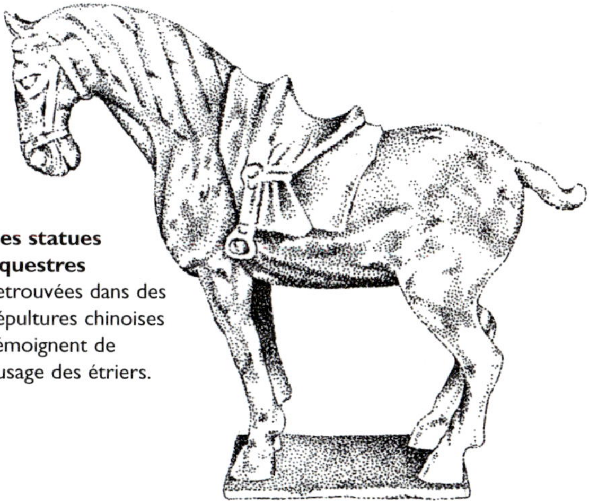

Les statues équestres
retrouvées dans des sépultures chinoises témoignent de l'usage des étriers.

Les militaires et les intellectuels, élite du pays, adoptèrent une attitude de mépris envers les sciences et la culture européennes, et sous-estimèrent la puissance croissante des nations occidentales. Le commerce avec l'étranger fut limité aux exportations de thé et des soieries, et à l'importation d'argent. Tout autre produit européen était considéré comme barbare par les classes dominantes raffinées, chinoises et mandchoues.

L'Europe se reprend

Entre l'an 500 et l'an 1000, l'Europe traverse une période de grave récession

Les armures, au Moyen Âge, recouvraient entièrement le chevalier. Son cheval était aussi caparaçonné de métal.

La chevalerie
À partir du VIIIe siècle, grâce à l'introduction de l'étrier en Europe, le cheval et le chevalier devinrent une seule machine de guerre. On pouvait manier la lance tout en restant en selle. L'introduction de cet accessoire eut des effets extraordinaires.

économique et culturelle. Les villes ont perdu leurs richesses, et même des conquérants comme les Arabes rechignent à l'idée de combattre pour entrer en possession d'une ville ruinée.

Dès le VIIIe siècle, la société européenne a commencé de rattraper son retard technologique, s'engageant sur la voie d'une longue phase de reprise jusqu'au XIe siècle.

Au haut Moyen Âge, l'Europe s'empare des idées et des techniques provenant de civilisations étrangères, notamment arabe et chinoise. L'esclavage, hérité de l'Antiquité, a été remplacé par le servage après la chute de

L'arbalétrier portait une cotte de mailles qui le protégeait des coups d'épée.

Les chevaliers, armés d'une épée, d'une lance et d'un bouclier, étaient protégés par un heaume et une cotte de mailles. Sous ou sur la cotte, ils portaient parfois de véritables carapaces en fer pour se protéger le dos et la poitrine des coups d'épée.

LA FORGE
La méthode, peu efficace, pour travailler le fer était la même que celle utilisée par les Grecs et les Romains. Pour fabriquer une armure, il fallait brûler des dizaines d'arbres.

Le foyer de la forge était alimenté au charbon de bois.

Le soufflet envoyait de l'air dans le foyer pour élever la température de la braise.

l'Empire romain. Néanmoins, les Européens durent trouver de nouvelles solutions pour rendre moins accablant le travail dans les champs.

La fragmentation politique de l'Occident médiéval joua un rôle très important, car elle réussit, mieux qu'un pouvoir centralisateur, à stimuler la recherche d'innovations et de nouvelles idées.

L'influence du christianisme – à une époque où la religion occupait un rôle central dans la vie des communautés – fut aussi fondamentale, car il développa la vision d'un Dieu rationnel et qui avait assigné à l'Homme la tâche de dominer le monde et la nature.

La situation de guerre dans laquelle se trouvait l'Europe au VIIIe siècle fut également un facteur décisif.

Le battage du fer incandescent était effectué à coups de marteau sur une enclume.

Pour les finitions, la pièce de métal était replacée sur le feu et à nouveau battue au marteau.

Après le coup d'arrêt donné à l'expansion arabe par la victoire de Charles Martel à Poitiers, en 732, le continent européen fut secoué par une série de guerres internes et par une seconde vague d'invasions de peuples provenant du Nord et de l'Est. Cette situation favorisa l'idée de construire des armes de jet plus puissantes et des armures plus solides. Les armures médiévales qui se sont conservées jusqu'à nos jours témoignent de la grande habileté des forgerons de l'époque.

En fait, la demande croissante d'armes fut à l'origine des progrès accomplis dans le domaine de la métallurgie. Quelques siècles plus tard, dans les années 1180, les fours de la forêt de Dean, en Grande-Bretagne, produiront 50 000 fers à cheval pour les montures des chevaliers accompagnant Richard Cœur de Lion à la 3e croisade.

Le collier
rembourré s'appuyait sur les épaules du cheval, qui pouvait ainsi déployer toute sa puissance de traction.

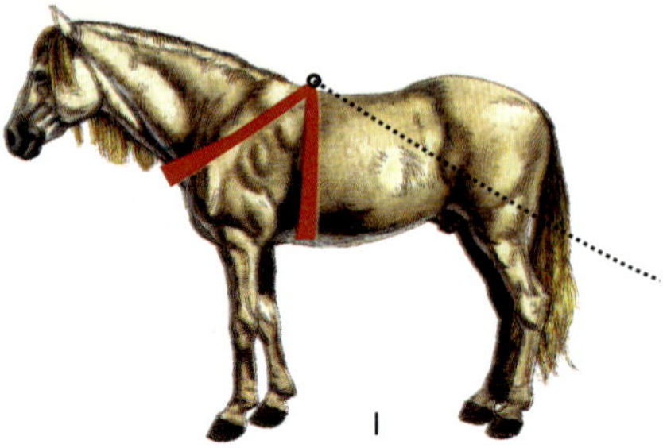

1

Le harnais
Pour tirer les chars, les Grecs et les Romains imposaient au cheval un collier qui lui serrait la trachée-artère (1). Le rendement de l'animal en était réduit de 80 %.

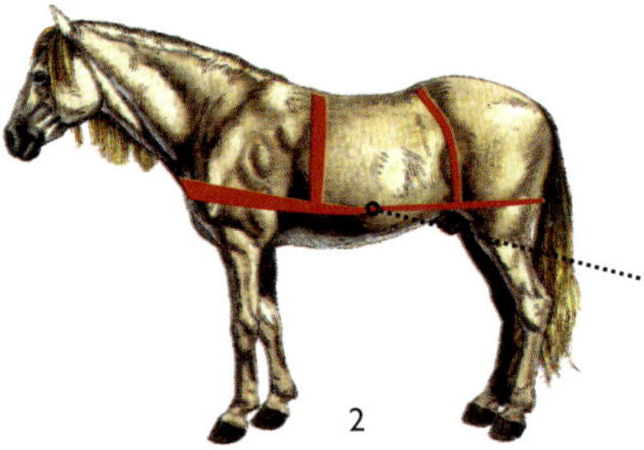

2

Au IXe siècle, on mit au point une ceinture qui entourait les épaules du cheval, laissant le cou libre (2).

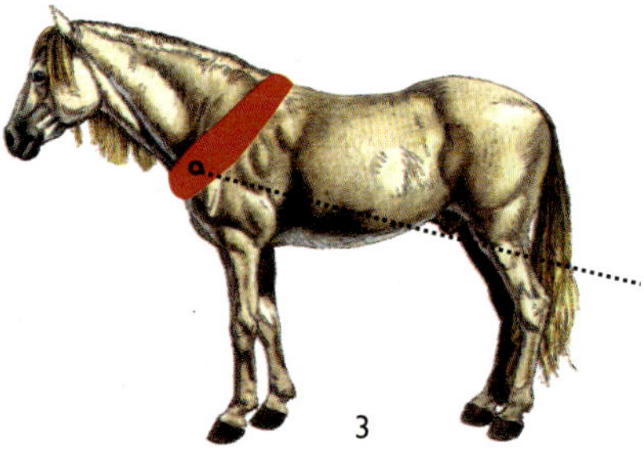

3

Une évolution ultérieure
Au bas Moyen Âge, on établit une version définitive de l'attelage du cheval (3).

Ce furent surtout les forgerons du nord de l'Europe qui améliorèrent considérablement le travail du fer. Si la cotte de mailles et les grands cercles en fer pour les roues des chars avaient été inventées par les Gaulois, les épées des Vikings et les haches de guerre des Francs obtinrent à leur tour une haute réputation.

La véritable révolution métallurgique du Moyen Âge fut le travail de la fonte. Depuis le début de l'âge du fer (1200 av. J.-C.) jusqu'au Moyen Âge, le minérai fondu dans les fours n'atteignait jamais un état véritablement liquide. Avec l'utilisation progressive de la houille comme combustible, à la place du charbon de bois, et de soufflets toujours plus puissants, on parvint à élever suffisamment la température des fours. Ainsi, au XVe siècle, la construction des premiers hauts-fourneaux européens, dont les flux d'air puissants accéléraient la combustion du charbon, permit enfin la fusion totale du minérai. On pouvait ainsi obtenir la fonte, plus riche en carbone que le fer traditionnel, moins élastique mais beaucoup plus résistante aux compressions.

La révolution agricole

Le travail des métaux eut des retombées extraordinaires sur l'agriculture. Parmi les instruments en métal qui simplifièrent la vie des paysans, la charrue lourde occupe une place prédominante. La diffusion de ce type de charrue en Europe septentrionale remonte au VIIe siècle. Ce fut la première d'une série d'innovations en agriculture qui modifièrent le visage et le rôle de l'Europe, telles que l'utilisation des moulins à eau, l'assolement triennal et le recours aux chevaux comme animaux de trait, à la place des bœufs. Entre 1125 et 1160, dans le domaine d'une abbaye anglaise, le nombre de bœufs fut réduit de moitié, tandis que le nombre de chevaux de trait fut multiplié par quatre. Cette préférence pour le cheval s'explique par la diffusion d'innovations qui augmentèrent son efficacité, dont le ferrage est la plus importante. Le fer protégeait mieux le pied du cheval que les anciennes et rudimentaires sandales en cuir, et en particulier sur les terrains humides du nord de l'Europe. Quant au

La charrue simple, répandue dans les régions méditerranéennes, avait une pointe en fer qui ouvrait des sillons peu profonds. Il était souvent nécessaire de réaliser deux passages croisés. Elle était peu adaptée aux sols humides et argileux des plaines de l'Europe du Nord.

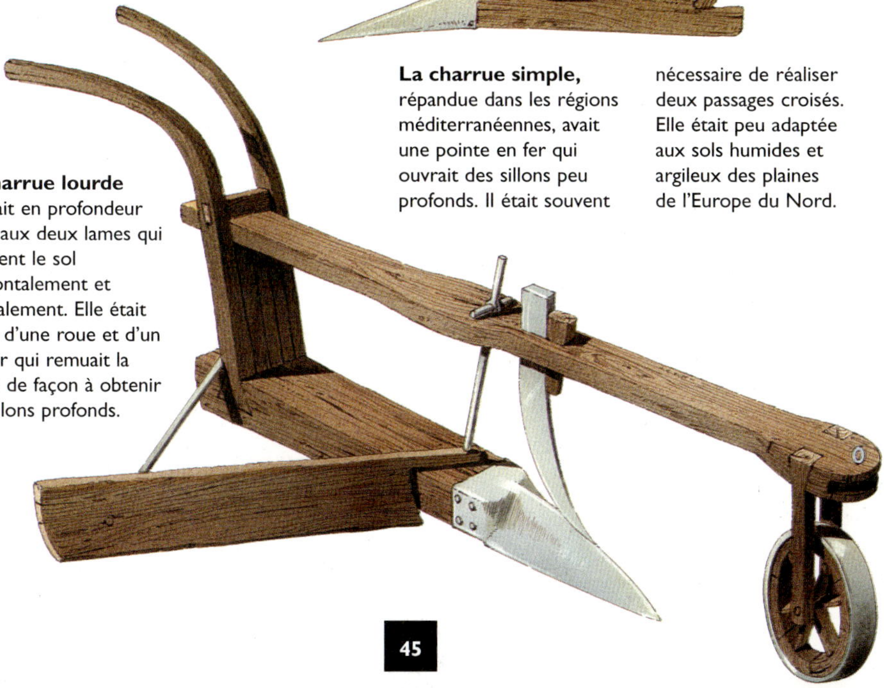

La charrue lourde creusait en profondeur grâce aux deux lames qui fendaient le sol horizontalement et verticalement. Elle était dotée d'une roue et d'un versoir qui remuait la motte de façon à obtenir des sillons profonds.

harnais, il représenta lui aussi un progrès considérable.

Tout comme l'introduction de la charrue lourde, le système de l'assolement triennal (rotation des cultures, avec un temps de jachère) – qui avait déjà été appliqué de façon ponctuelle depuis le VIIIe siècle – eut un impact déterminant sur la production alimentaire européenne. Il fut mis en place pour subvenir aux besoins des nombreux animaux de trait, désormais indispensables pour labourer la terre, ainsi que pour augmenter les récoltes sans priver la terre de ses substances nutritives.

L'emploi du moulin à eau – déjà connu par les Romains – fut largement étendu à l'agriculture. Entre le VIe et le VIIe siècle, les seigneurs féodaux interdi-

La rotation des cultures

Au haut Moyen Âge, la rotation triennale remplaça la biennale. Cela permit d'augmenter la productivité de 50 % et de produire également de la nourriture pour les chevaux employés dans l'agriculture. Ce facteur fut déterminant pour augmenter le rendement des terres.

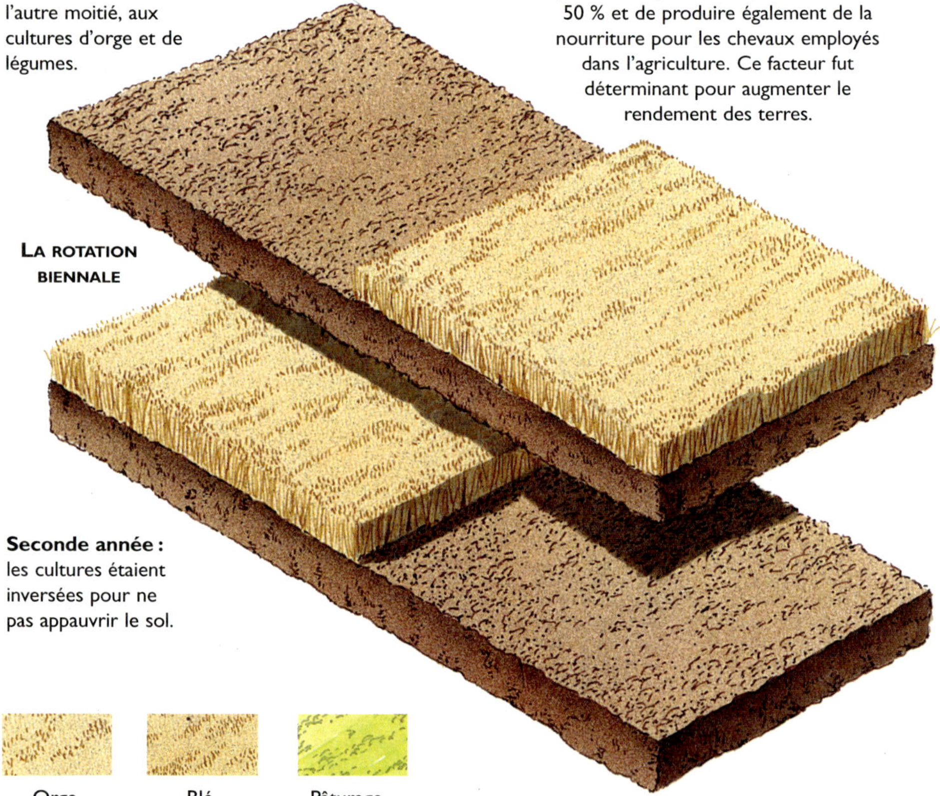

La rotation triennale

Première année : un tiers de la terre était destiné à la culture du blé.

Deuxième année : orge, avoine ou légumes remplaçaient le blé, qui était cultivé sur les terres qui, l'année précédente, avaient servi de pâturages.

Troisième année : après deux ans de cultures différentes, on laissait reposer les trois lots de terrain, les vouant au pâturage.

rent à leurs serfs de moudre le blé à la maison, comme ils l'avaient toujours fait, les obligeant à utiliser pour cette tâche les moulins à eau qu'ils avaient fait construire. Ce fut, en effet, une solution très rentable, et l'exemple fut immédiatement imité par tous les seigneurs d'Europe.

Jusqu'au Xe siècle, le moulin à eau fut exclusivement utilisé pour moudre le blé. Peu à peu, son emploi s'élargit : on l'utilisa pour exploiter l'énergie des cours d'eau et, obtenant le mouvement rotatif, préparer le malt pour la fabrication de la bière, travailler le fer ou fabriquer le papier, ou encore actionner les scies dans les menuiseries. Ces nouvelles utilisations entraînèrent progressivement une spécialisation des moulins et des meuniers.

À la même période apparurent également les premiers moulins à vent, dont l'utilisation s'étendit peu à peu à tous les domaines de la production alimentaire et artisanale. L'irruption des moulins dans les activités économiques européennes parvint à combler le manque d'énergie disponible pour le travail. La société de l'Europe médiévale fut la première à fonder son économie sur la force des machines au lieu de celle des esclaves, des serfs ou des animaux.

Tous ces progrès, dans un laps de temps relativement court, eurent des conséquences très importantes. Au XIe siècle, qui marque le passage du haut au bas Moyen Âge, la fin des invasions apporta à l'Europe une nouvelle sérénité : il fut ainsi possible de cultiver plus facilement les champs, et leur rendement accru augmenta par conséquent la nourriture disponible. Il s'ensuivit une importante croissance démographique et une phase politique et juridique appelée « deuxième âge féodal » : les grands domaines furent concentrés dans les mains d'un petit nombre de propriétaires ; la transformation de leurs possessions en propriétés permanentes et héréditaires favorisa une plus grande et plus efficace exploitation des terres.

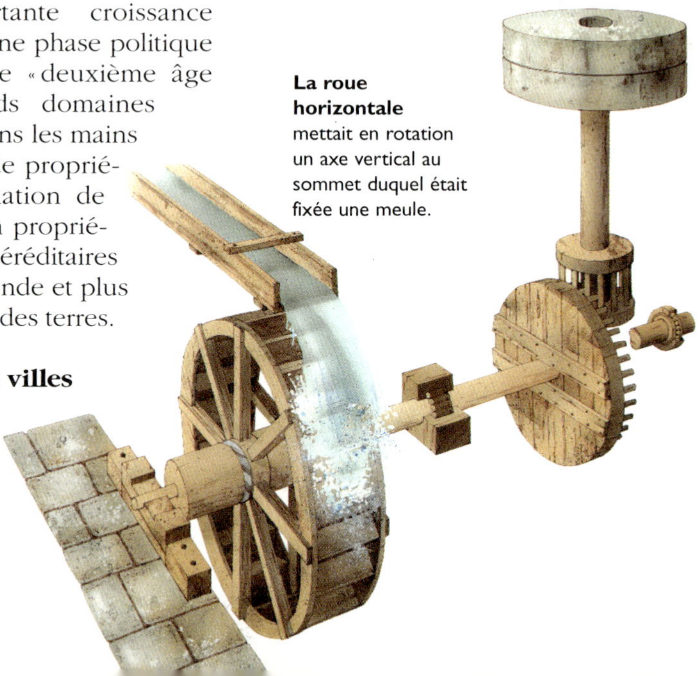

La roue horizontale mettait en rotation un axe vertical au sommet duquel était fixée une meule.

La renaissance des villes

La « révolution agricole » européenne qui modifia le paysage rural médiéval eut pour conséquence l'accroissement de la production alimentaire, accompagné d'une croissance de la population.

Entre le milieu du Xᵉ siècle et le début du XVIᵉ siècle, en France, en Allemagne et dans les îles Britanniques, le nombre d'habitants tripla, et en Italie il doubla. On estime que, autour de 1330, l'Europe comptait au moins 80 millions d'habitants, contre 35 millions en l'an 1000. Soudain, la production alimentaire ne fut plus en mesure de faire face à l'augmentation de la population.

La famine et les disettes, auxquelles s'ajoutaient les vexations habituelles de la part des seigneurs, mirent à rude épreuve les habitants des campagnes. Les paysans, découragés par leurs conditions de vie, commencèrent à migrer vers les villes, dans l'espoir de rompre avec le passé et de trouver de meilleures opportunités. Ils allaient en quelque sorte à la recherche d'un monde

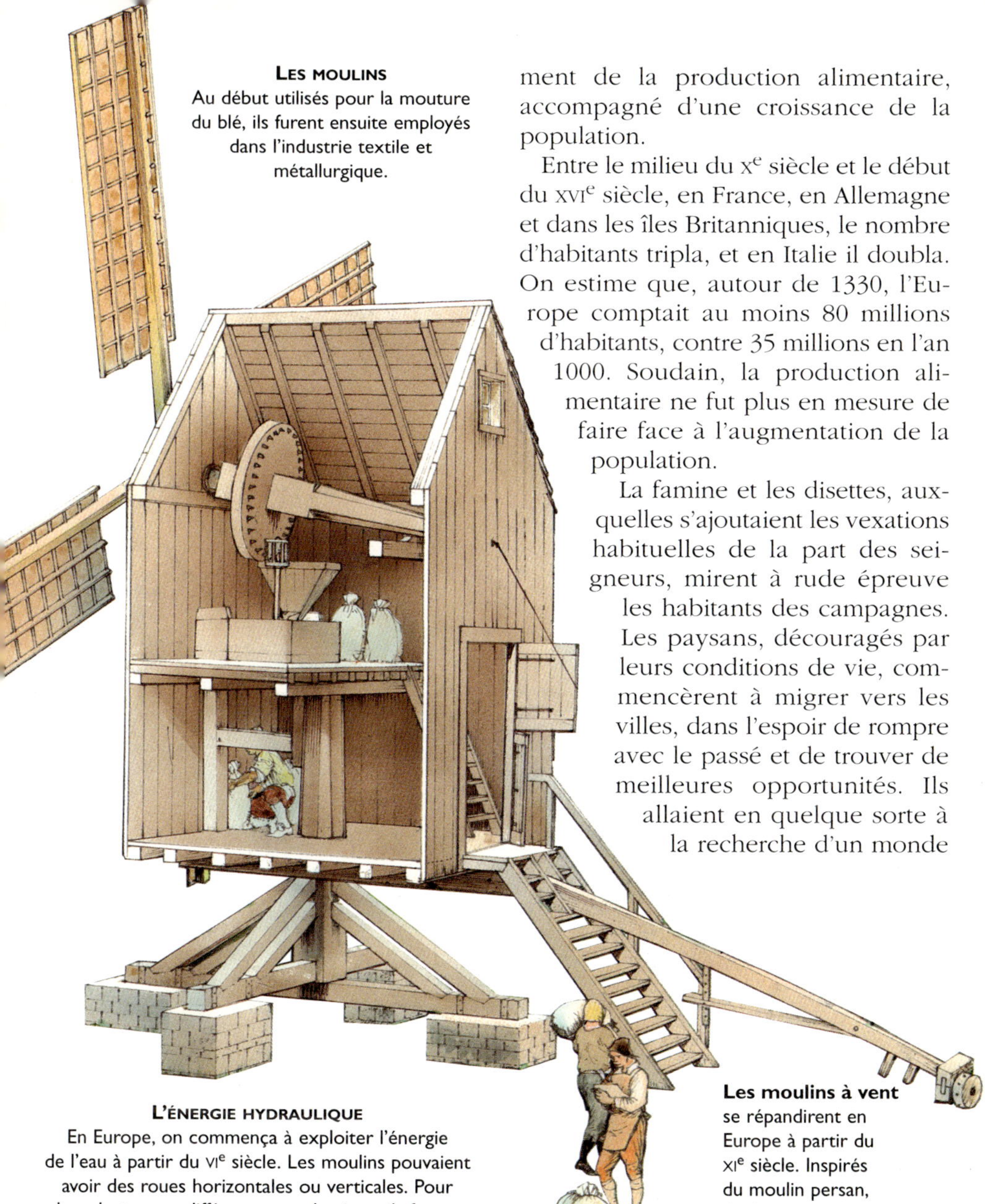

Les moulins
Au début utilisés pour la mouture du blé, ils furent ensuite employés dans l'industrie textile et métallurgique.

L'énergie hydraulique
En Europe, on commença à exploiter l'énergie de l'eau à partir du VIᵉ siècle. Les moulins pouvaient avoir des roues horizontales ou verticales. Pour les adapter aux différentes productions, ils furent enrichis de nouveaux mécanismes.

Les moulins à vent se répandirent en Europe à partir du XIᵉ siècle. Inspirés du moulin persan, ils s'en distinguaient par leurs hélices verticales, et non horizontales.

LES CATHÉDRALES GOTHIQUES
Construites en France à partir du XIIe siècle, elles semblaient à l'intérieur soutenues par des piliers fragiles, séparés par de hautes verrières. Le principe de ces constructions était très simple : libérer l'espace intérieur en étayant l'édifice à l'extérieur par de puissants contreforts.

Les fenêtres, les verrières et les rosaces multicolores allégeaient la structure et éclairaient l'intérieur.

L'arc rampant transmettait les poussées des arcs et du toit aux contreforts.

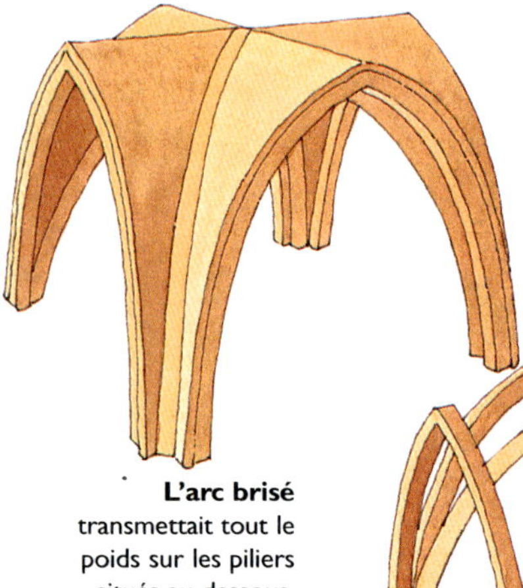

L'arc brisé transmettait tout le poids sur les piliers situés au-dessous.

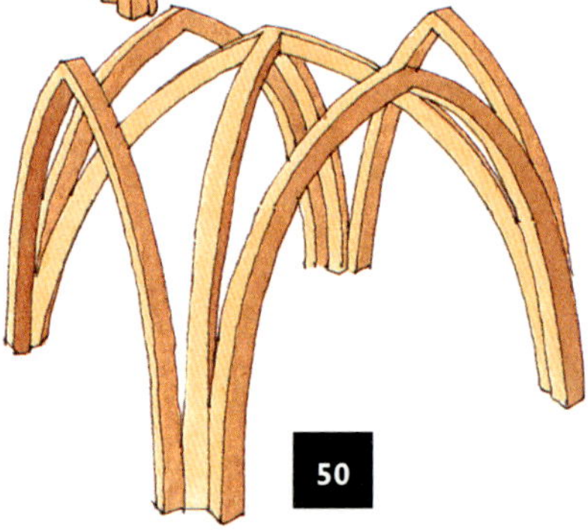

nouveau. La ville était à leurs yeux une sorte de Terre promise.

Tombées en ruine après la chute de l'Empire romain, les villes renaquirent et devinrent le lieu idéal pour l'émergence de nouveaux métiers et de nouveaux pouvoirs, généralement différents du pouvoir féodal.

L'architecture se fit immédiatement l'interprète de l'esprit qui régnait dans les centres urbains. Les grandes cathédrales gothiques, par exemple, furent élevées au cœur des cités presque en opposition aux châteaux campagnards des seigneurs féodaux. Selon un historien, l'art des cathédrales en Europe est avant tout l'expression de la renaissance des villes.

Cet art détermina la recherche de techniques de construction jamais adoptées auparavant, et la formation de nouvelles

L'aiguille
est un élément purement décoratif placé au sommet des contreforts.

Le contrefort
est l'épine dorsale de la cathédrale, car il en soutient tout le poids.

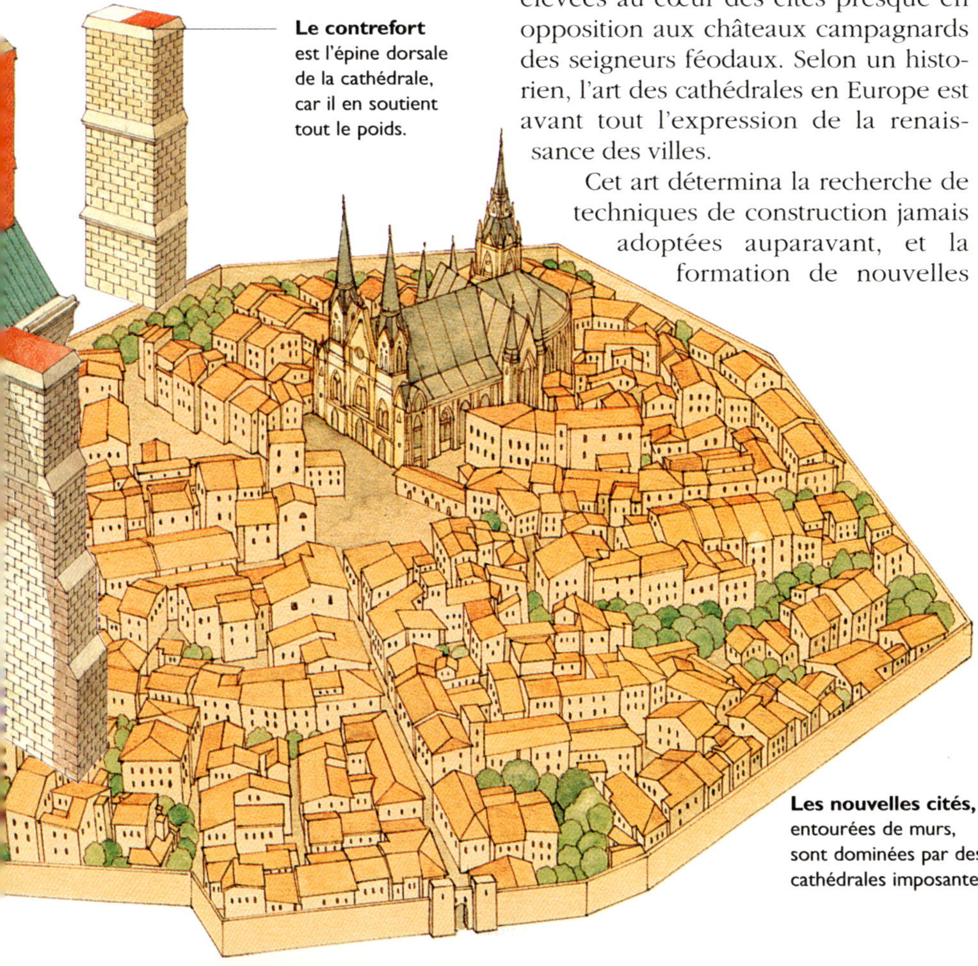

Les nouvelles cités,
entourées de murs, sont dominées par des cathédrales imposantes.

catégories de travailleurs. Tous les artisans de la ville participaient à la construction d'une cathédrale : des tailleurs de pierre aux forgerons, des charpentiers aux ferblantiers et aux verriers.

L'opposition entre la campagne et la ville n'avait jamais été aussi nette. Alors que les centres urbains des civilisations anciennes étaient intégrés dans une société agricole, et que le pouvoir était aux mains de propriétaires terriens qui vivaient généralement en ville, l'agglomération urbaine médiévale se caractérisa tout de suite comme une entité à part, séparée des campagnes environnantes, même physiquement, grâce aux murs et aux fossés. Dans le monde féodal, les échanges, peu nombreux, se faisaient lors des foires organisées rarement ; désormais, les villes, peuplées de marchands et d'artisans qui, réunis en corporations, devenaient de plus en plus riches et puissants, furent le théâtre d'échanges continuels.

Des inventions à foison

Le bien-être relatif des citoyens européens entraîna la production et la consommation de biens autres que ceux de première nécessité. Il suscita aussi l'invention de nouveaux instruments, telle l'horloge mécanique à poids, qui fit son apparition à la fin du XIIIe siècle. On ne sait pas avec exactitude qui fut son inventeur, mais il est certain que les mécaniciens européens furent les premiers à comprendre que la chute d'un poids peut être exploitée pour produire les oscillations régulières qui sont à la base du fonctionnement de l'horloge. Après un siècle d'inces-

Les foires
Pour favoriser les échanges, on tenait périodiquement des foires dans les villes.

Les marchandises
Dans les foires, on vendait des animaux, des peaux, des épices, des tissus orientaux, des produits alimentaires, des ustensiles, des objets et toutes sortes de curiosités, comme les horloges mécaniques.

Le marché et les petites foires se tenaient sur la place principale de la ville. Bien que le troc fût encore pratiqué, on ressentait le besoin d'un système monétaire efficace.

Les mécanismes originaux, comme cette horloge astronomique, devinrent des objets très demandés.

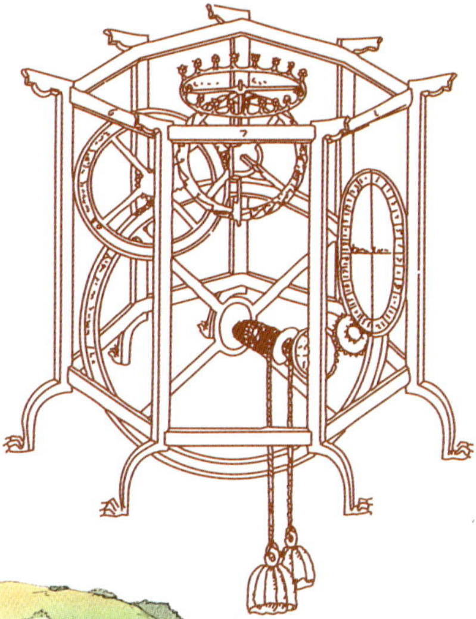

La tonte
des moutons s'effectuait avec deux lames triangulaires en guise de ciseaux.

Le filage,
travail des femmes, consistait à tordre la fibre et à enrouler le fil ainsi obtenu sur un fuseau.

Pour le cardage,
on démêlait les fibres de laine avec une fleur sèche, la carde.

Un arc
dont on pinçait la corde donnait le même résultat que la carde : les vibrations démêlaient les nœuds.

Le foulage
de la toile se faisait aux pieds, dans de l'eau.

Le tissage,
au XIIIe siècle, en Europe, se faisait sur un métier à tisser horizontal.

Le rasage final du tissu avec une longue lame le rendait lisse et régulier.

sants perfectionnements, chaque ville européenne pouvait vanter son horloge, capable d'indiquer non seulement l'heure, mais aussi tous les mouvements astronomiques connus à l'époque.

On assista également à une forte croissance de la production dans le secteur du textile. La réalisation des tissus avait toujours été une occupation domestique réservée aux femmes. Mais, au Moyen Âge, l'activité textile détermina la naissance d'un certain nombre de métiers spécialisés, impliquant le travail des hommes, comme ceux de tisserands, de fouleurs, de teinturiers ou de tondeurs. En Italie apparurent même les premiers systèmes de fabrication industrielle. Des innovations technologiques s'ensuivirent, tels le rouet et une version horizontale du métier à tisser, qui remplaça le métier vertical utilisé depuis l'Antiquité.

Au seuil du XVIe siècle, l'Europe était donc capable de produire des biens et des services comme elle ne l'avait jamais été auparavant. Et c'est dans le domaine de la technologie qu'elle avait accompli les plus grands progrès. Elle pouvait désormais rivaliser avec des civilisations jusque-là plus évoluées, comme le monde arabe ou la Chine. Elle ne tardera pas à les dépasser.

La Renaissance

Le 29 mai 1453, les Turcs s'emparèrent de Constantinople, obligeant de nombreux savants grecs à se réfugier en Occident. Si les historiens ont privilégié 1492, année de la découverte de l'Amérique, pour marquer l'aube des Temps modernes, 1453 signifie néanmoins, par cet exode des « intellectuels » grecs, la (re)découverte par l'Europe de la culture classique, tombée dans l'oubli pendant le Moyen Âge.

Cette « renaissance » des règles de beauté, d'harmonie, et du génie architectural classiques allait de pair avec l'étude critique des textes hérités de l'Antiquité, avec le retour à une conception de l'Homme confiant dans ses capacités de transformer le monde et de maîtriser la nature. C'est pourquoi on a aussi qualifié cette période comme étant celle de l'« humanisme ».

La Renaissance, qui a concerné tous les domaines du savoir, de la peinture à la sculpture, de l'architecture à la philo-

La structure de la coupole, terminée en 1436, est formée de deux coques superposées, en brique. Le diamètre intérieur est de 41,5 m.

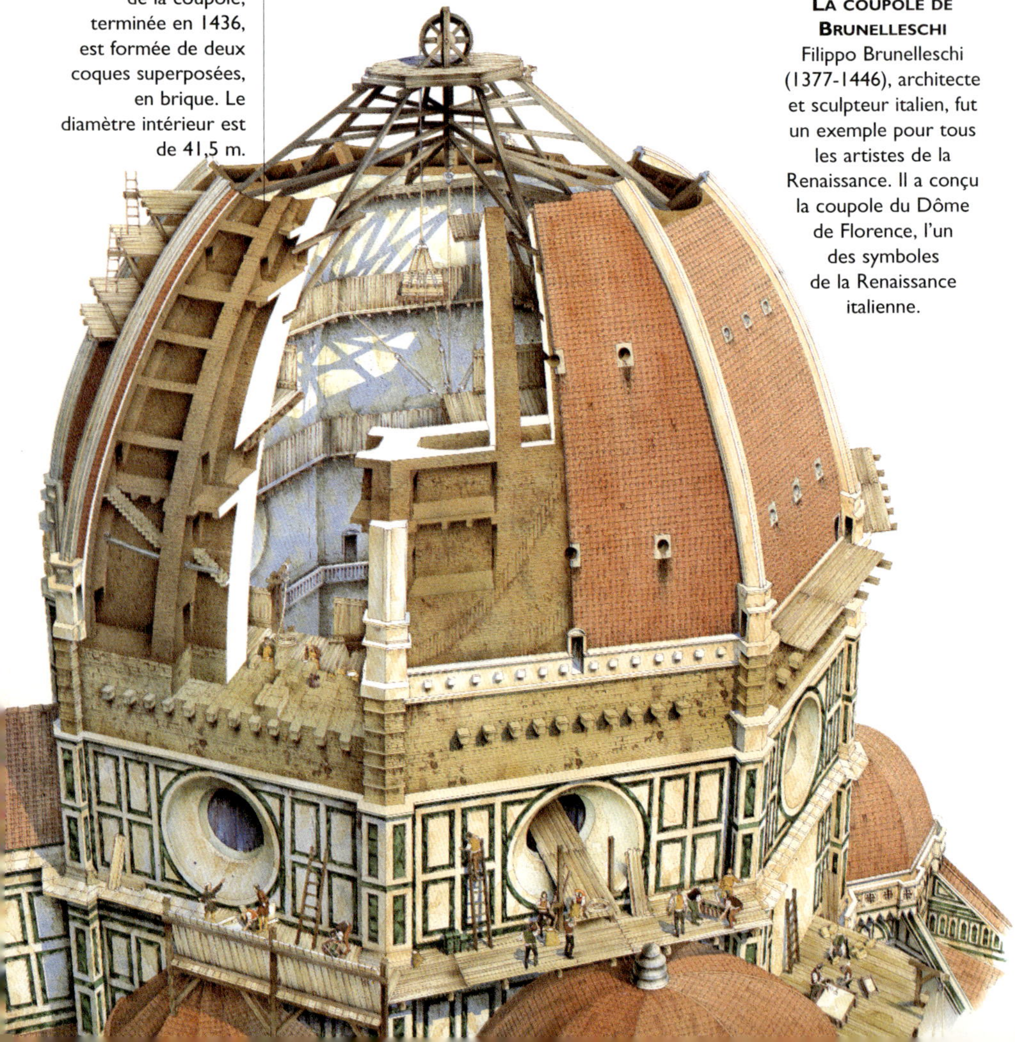

La coupole de Brunelleschi
Filippo Brunelleschi (1377-1446), architecte et sculpteur italien, fut un exemple pour tous les artistes de la Renaissance. Il a conçu la coupole du Dôme de Florence, l'un des symboles de la Renaissance italienne.

sophie, fut une véritable révolution culturelle, qui porta ses fruits également en science et en technologie. Léonard de Vinci (1452-1519) incarne par excellence l'homme de génie de la Renaissance, capable d'explorer tous les savoirs, de la peinture à la conception des machines et à l'étude de l'anatomie humaine.

La Renaissance européenne fut toutefois caractérisée par un foisonnement de projets non réalisés : paquebots, machines à calculer, roues actionnées par la vapeur. Si l'on date une invention du moment où elle fut imaginée plutôt que de celui où elle fut effectivement réalisée pour la première fois, il ne fait aucun doute que la Renaissance doit

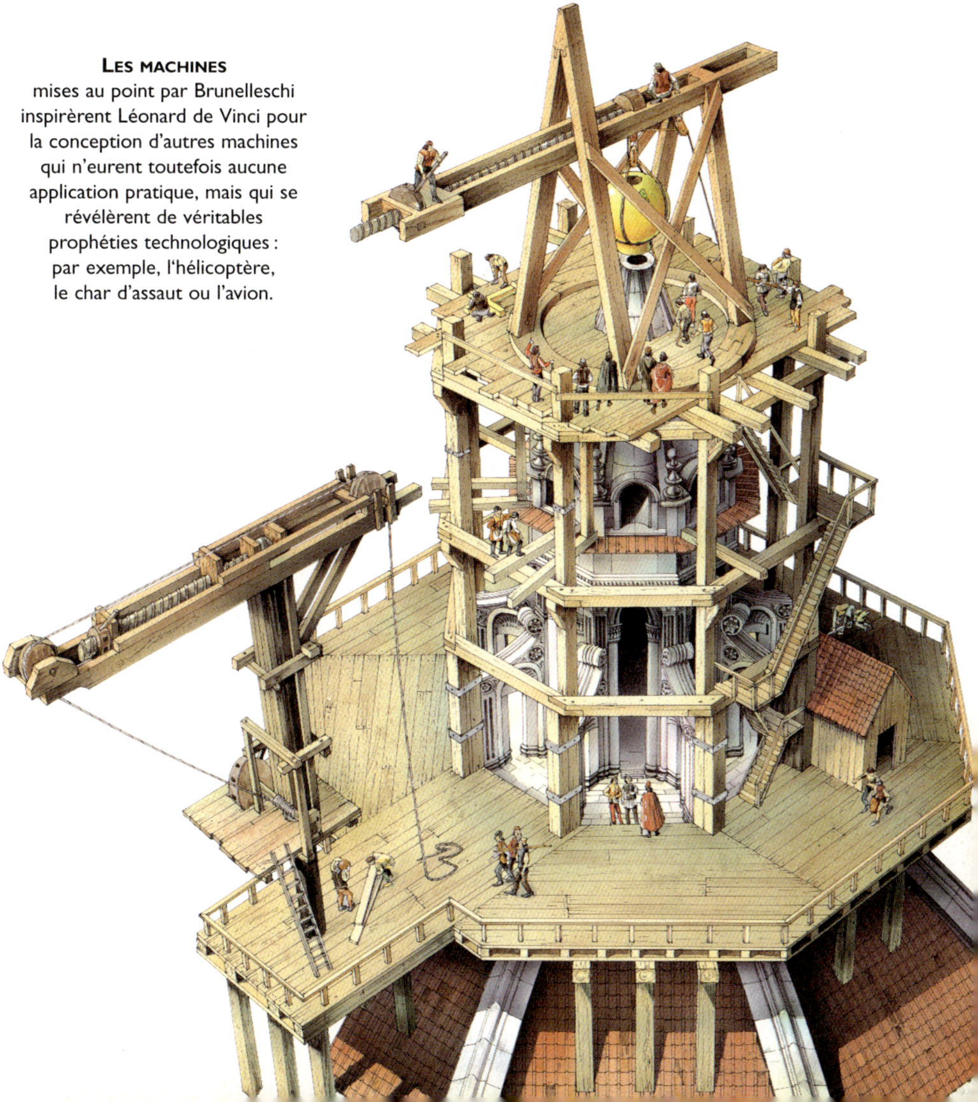

Les machines mises au point par Brunelleschi inspirèrent Léonard de Vinci pour la conception d'autres machines qui n'eurent toutefois aucune application pratique, mais qui se révélèrent de véritables prophéties technologiques : par exemple, l'hélicoptère, le char d'assaut ou l'avion.

Les canaux

À partir du XIIe siècle, on commença à creuser des canaux pour relier les fleuves et mettre en communication d'importantes villes commerciales. Des systèmes d'écluses permettaient de surmonter des dénivellations considérables.

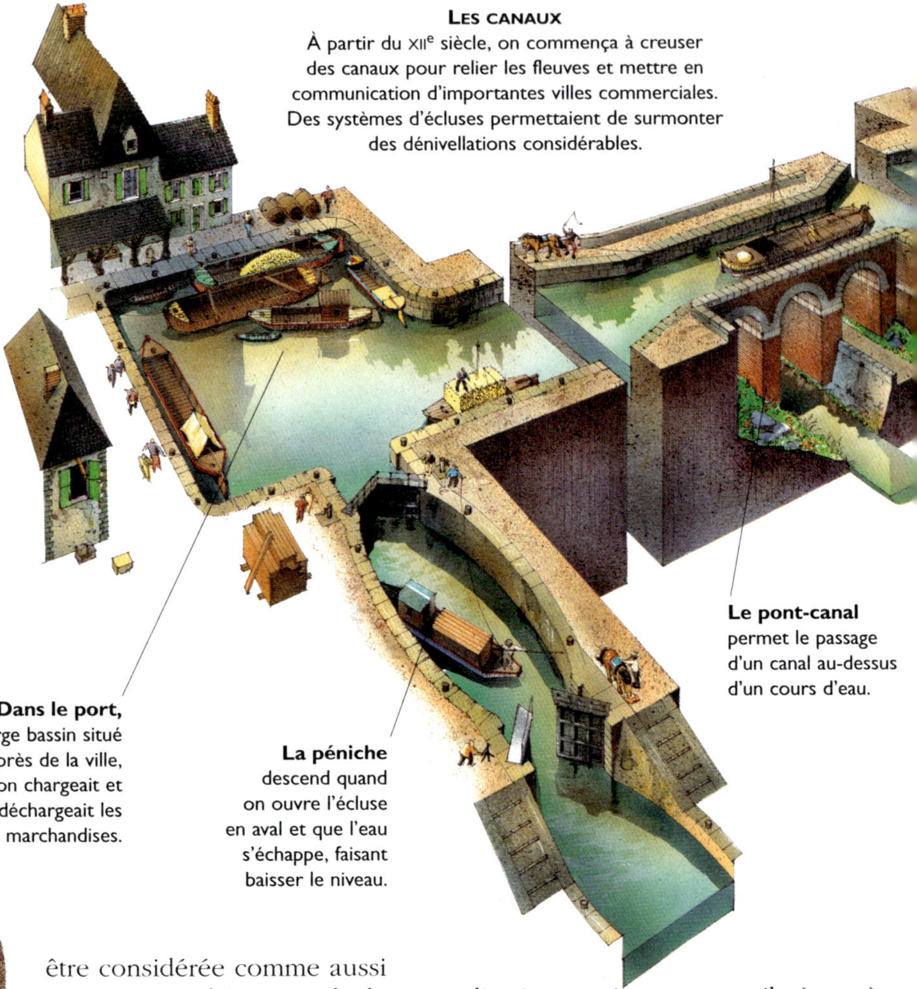

être considérée comme aussi créative que l'époque de la révolution industrielle, entamée vers 1750. Mais cette créativité fut bridée par l'impossibilité d'exécuter certains travaux faute de matières premières et de sources d'énergie autres que la force animale. De nombreuses intuitions trouvèrent cependant une application pratique et contribuèrent à creuser le fossé technologique et économique entre l'Europe et le reste du monde. Léonard de Vinci conçut vers 1497 un système d'écluses qui aurait pu faciliter la navigation sur les canaux. L'ingénierie hydraulique fut l'un des plus grands succès technologiques de

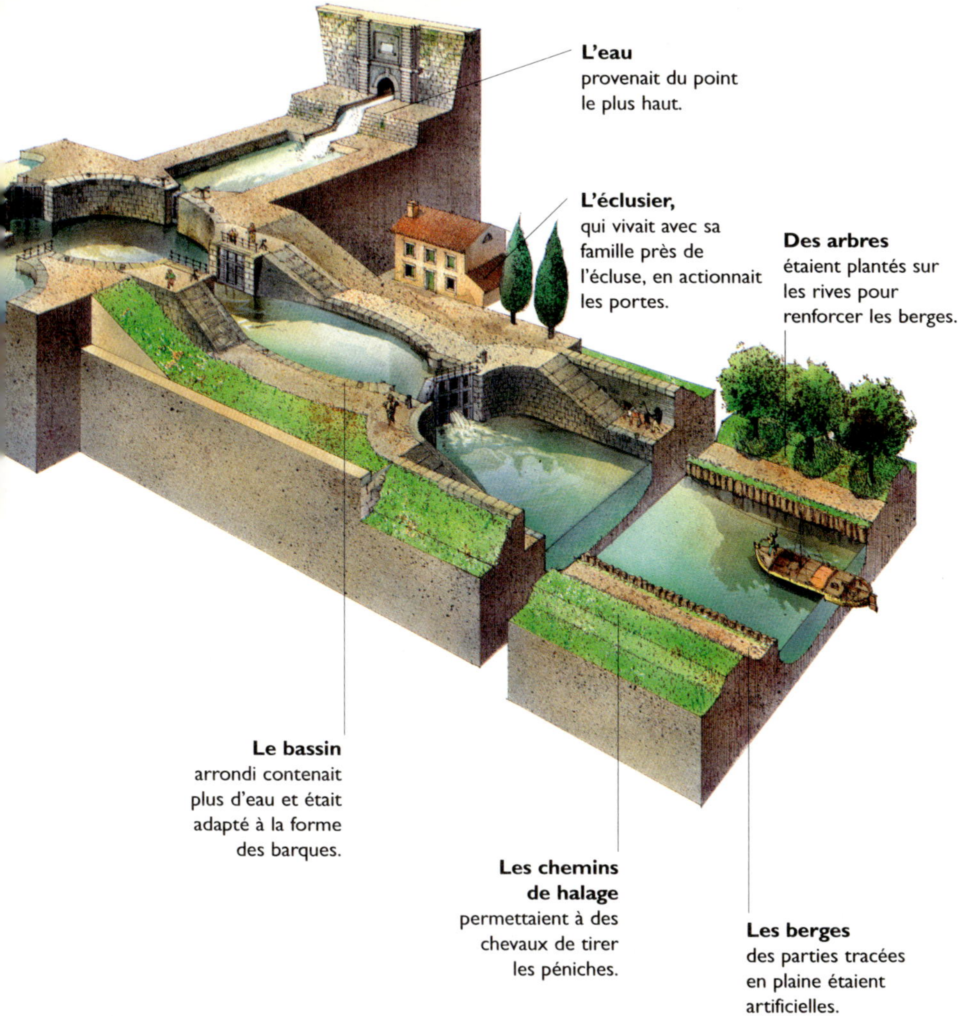

la Renaissance. Les Hollandais eux aussi brillèrent dans ce domaine, construisant des digues, des pompes et des canaux pour protéger leur terre de la mer et des grands fleuves.

Les ouvrages de canalisation apportèrent également des progrès dans l'approvisionnement en eau potable, un domaine dans lequel l'Europe de la Renaissance était encore en retard par rapport aux Romains.

L'imprimerie

Voilà une innovation technologique d'une portée incomparable ! En fait, la reproduction de caractères et de dessins sur des blocs de bois gravés et teintés d'encre était un art connu de longue date en Chine. Vers 1440, l'Allemand Johannes Gensfleisch, plus connu sous le nom de Gutenberg (1397/1400-1468), eut l'idée d'un système d'impression de caractères mobiles en métal fondu. Grâce à la « typographie », la composition des pages était plus simple et plus rapide : il n'était plus nécessaire de graver une plaque avec tous les mots de la page ; il suffisait d'assembler dans le bon ordre des caractères déjà existants, pour former des lignes de texte superposées. Le plus difficile fut de réaliser des caractères en zinc, en étain et en plomb de la même hauteur et de la même épaisseur, mais de largeurs différentes. Gutenberg trouva la solution, grâce à ses connaissances en métallurgie, acquises auprès de son père, orfèvre de l'archevêque de Mayence.

La typographie connut immédiatement un succès retentissant : vingt-sept ans seulement après son invention, l'Europe comptait 380 imprimeries. En un demi-siècle furent produits plus de livres que dans les mille années précédentes.

La forme
est le cadre en fer contenant deux pages à imprimer.

La gravure
au burin accentue le relief ; avec la gouge et le maillet, on creuse les parties qui resteront blanches.

Les encres
étaient préparées par de jeunes apprentis.

LA XYLOGRAPHIE ET LA CHALCOGRAPHIE

La gravure sur bois et sur cuivre pour obtenir des images à imprimer connut une grande expansion à partir de la fin du XVe siècle.

La composition : un typographe dispose un à un les caractères en plomb qui composent des lignes, qu'un autre agence pour former des pages de texte.

L'encrage des matrices se fait avec des tampons.

La presse appuie une feuille de papier après l'autre sur une forme contenant les blocs de caractères encrés. C'est ainsi que naissent les pages imprimées.

Les feuilles imprimées, ou épreuves, sont relues par un lecteur expérimenté, corrigées puis réimprimées.

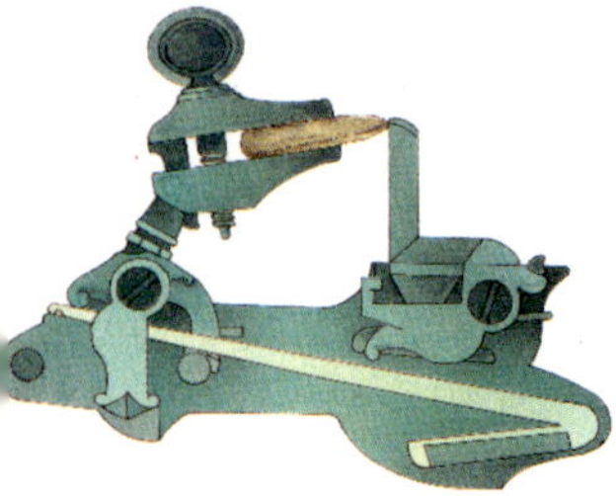

Le fusil :
quand on appuyait sur la détente, une pierre à feu provoquait une étincelle qui enflammait la poudre.

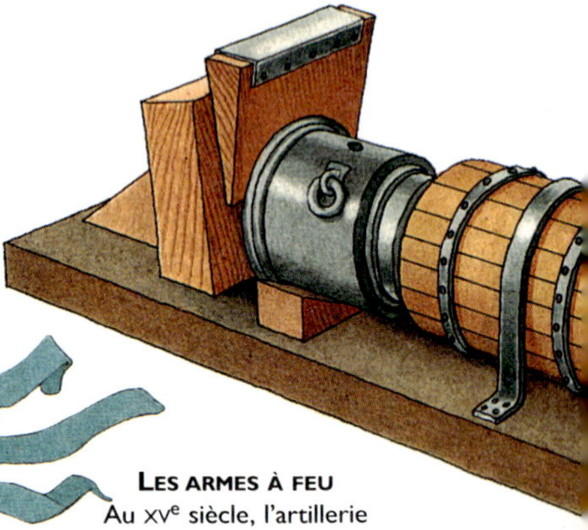

Les armes à feu
Au xve siècle, l'artillerie en fer battu était très utilisée au cours des sièges.

Le canon :
avant que l'on construise des fûts résistants et parfaitement lisses, les premiers canons étaient fixés sur des socles de bois.

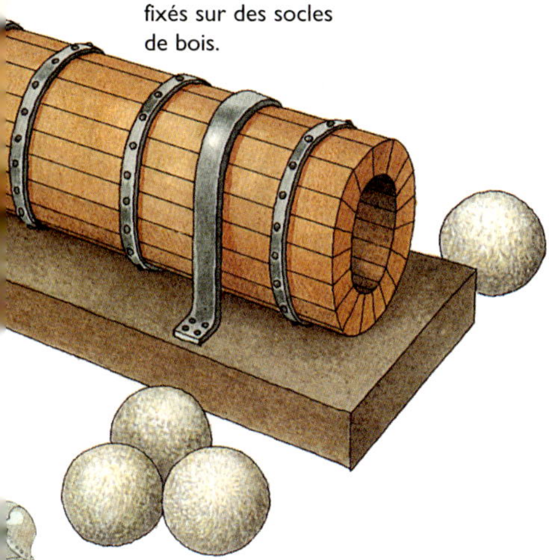

L'utilisation de la poudre
– conservée par chaque combattant dans une corne – changea radicalement la façon de combattre, mais aussi de construire les bateaux et les forteresses.

La conséquence immédiate fut la baisse du prix des livres, jusque-là considérés comme un luxe réservé à quelques privilégiés (en l'an 800, en Espagne, un livre écrit par des moines copistes coûtait l'équivalent de deux vaches !). L'invention de Gutenberg ouvrit une nouvelle ère, permettant une diffusion vaste et rapide des idées et du savoir en Europe.

Les armes à feu

Un autre secteur dans lequel l'Europe de la Renaissance consolida sa suprématie fut celui des armes à feu. Les termes arquebuse, fusil et mousquet apparurent aux XVe et XVIe siècles, époque de progrès considérables dans ce domaine. Cette évolution fut moins due aux exigences militaires qu'à la diffusion croissante de la chasse comme activité récréative. En effet, les fusils des chasseurs devaient être faciles à épauler et précis dans le tir, alors que, sur un champ de bataille, la précision était moins importante : il suffisait de tirer dans le tas, puisque les troupes étaient regroupées en rangs serrés. La plus grande difficulté technique fut de réaliser un canon à l'intérieur parfaitement lisse ou, mieux, uniformément rayé. Ce perfectionnement, dont les avantages pour la trajectoire du projectile étaient déjà connus au Moyen Âge, fut mis au point seulement en 1525.

Les canons de guerre aussi furent améliorés et dotés de plus de précision et de puissance, changeant ainsi radicalement et définitivement les techniques et les stratégies de combat aussi bien sur terre que sur mer. Autre innovation importante : la possibilité de charger le

canon par-derrière et non par la bouche : cela évitait, sur les bateaux, de reculer les canons avant de les utiliser. Même les Chinois, qui avaient été les premiers inventeurs d'armes à feu, restèrent émerveillés lorsque, en 1514, ils aperçurent près de leurs côtes les voiliers portugais armés de canons tournants.

La navigation

Les progrès dans la construction navale furent un autre facteur déterminant de l'expansion européenne. Au cours du XVe siècle, on élabora des embarcations capables d'affronter l'océan. Elles combinaient le meilleur des traditions marines méditerranéenne et nordique : elles étaient dotées de trois mâts avec

La caravelle, avec ses trois mâts et sa coque résistante, rendit possible la navigation sur les océans. C'est avec trois caravelles que Christophe Colomb réalisa le voyage qui devait lui faire aborder l'Amérique en 1492.

La boussole fut adoptée au XIIe siècle et perfectionnée au siècle suivant.

des voiles carrées nordiques et des voiles triangulaires latines. La voilure ne cessa d'être perfectionnée pour mieux exploiter la force du vent.

Pour s'orienter sur les océans et effectuer les voyages de découverte et d'exploration du monde, les navigateurs durent aussi se munir de nouveaux instruments. Vers le milieu du XVe siècle, on introduisit l'usage du quadrant et de l'astrolabe. L'expansion de la navigation océanique fut telle qu'elle changea le cours de l'histoire.

La capacité de se déplacer plus loin et plus rapidement eut d'immenses conséquences économiques et permit également la conquête de nouveaux territoires jusque-là inconnus.

L'astrolabe,
instrument servant à mesurer la hauteur des astres, fut perfectionné à partir du XIe siècle par les Arabes, qui le diffusèrent en Europe.

Le loch,
à partir du XVIe siècle, servit à mesurer la vitesse des embarcations.

La naissance de la science

La Renaissance est la période qui marque l'affirmation de la domination européenne sur le reste du monde, fondée sur la suprématie technologique. Mais, entre le XVe et le XVIIIe siècle, l'Europe se distingua aussi par son rayonnement culturel.

Le changement le plus important de l'époque fut la naissance de la science moderne, avec ses applications technologiques. Jusqu'au bas Moyen Âge, l'étude des phénomènes naturels et celle des applications pratiques qui y étaient liées restèrent deux secteurs distincts. C'est seulement au XVIIe siècle que l'on comprit l'importance de la connaissance de la nature, pour en contrôler les forces, et la nécessité de construire des machines capables d'exploiter ces forces.

La révolution intellectuelle menée entre autres par le philosophe anglais Francis Bacon (1561-1626), le scientifique italien Galilée, le philosophe français René Descartes (1596-1650) et le savant anglais Isaac Newton marqua aussi l'affranchissement culturel par rapport à l'époque classique. Pendant des siècles, les Grecs Aristote (384-322 av. J.-C.), Ptolémée (v. 100-v. 170) et Galien (v. 131-v. 201) avaient été des autorités incontestées, respectivement dans les domaines de la philosophie, de la physique et de la médecine. Avec l'introduction de la méthode scientifique de Galilée, la validité d'une théorie scientifique s'appuyait désormais sur l'observation et l'expérimentation.

Cependant, la révolution scientifique n'eut pas de retombées technologiques immédiates. Seule la navigation bénéfi-

L'EXPÉRIENCE
Un plan incliné permet à Galilée de calculer la vitesse de la chute des corps et de formuler ses théories sur le mouvement.

Isaac Newton (1642-1727) formula la loi de gravité qui règle le mouvement des planètes.

Galileo Galilei, dit Galilée (1564-1642), est considéré comme le père de la méthode scientifique.

Une horloge humaine : les amis de Galilée collaboraient à ses expériences en chronométrant la course d'une sphère à l'aide de leur pouls.

cia des nouvelles études sur la nature. Ce fut plutôt la science qui profita de la technologie : certaines découvertes fondamentales furent possibles grâce aux instruments de précision construits alors. Le télescope de Galilée, par exemple, permit la découverte des lunes de Jupiter.

En dépit des résultats obtenus par la science, la technologie des XVIe et XVIIe siècles n'évolua pas beaucoup par rapport à celle des époques précédentes. Les nouvelles connaissances se répandirent très lentement, mais elles préparèrent le terrain pour un événement qui devait accroître, pendant les siècles à venir, la domination de l'Europe sur le reste du monde : la révolution industrielle.

La révolution industrielle

Au XVIIIe siècle, en Angleterre, l'accumulation des capitaux et l'application de la science à la technologie amorcèrent un processus de développement industriel qui devait apporter à l'Europe, et ensuite au reste du monde, une prospérité sans précédent.

Au Moyen Âge et à la Renaissance, la technologie européenne avait progressé à pas de géant. Cependant, dans la première moitié du XVIIIe siècle, l'économie européenne se fondait encore exclusivement sur l'agriculture et sur l'artisanat. À partir de 1750, l'accélération du progrès technique eut des répercussions considérables sur tous les aspects de la civilisation, et l'industrie comme la production mécanique commencèrent à dominer l'économie européenne. Jusque-là berger, agriculteur ou artisan, l'homme européen devint peu à peu un utilisateur de machines actionnées par une énergie inanimée. La révolution industrielle commença en Angleterre au XVIIIe siècle, et très vite elle se répandit dans de nombreux autres pays du continent.

Mais pourquoi eut-elle lieu en Angleterre et à cette période? Les historiens

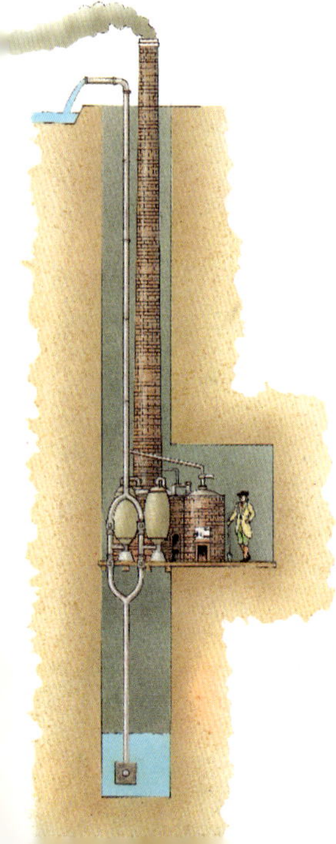

La première machine à vapeur servait de pompe. Un système de refroidissement rapide permettait à la vapeur de se condenser, ce qui faisait le vide, et donc aspirait de l'eau souterraine.

La machine à vapeur
C'est le symbole de la révolution industrielle : elle met pour la première fois une grande quantité d'énergie à la disposition de l'Homme.

La machine de Watt développait une puissance deux fois supérieure aux précédentes.

Dans la machine de Newcomen, la vapeur se condensait au-dessous d'un piston poussé vers le bas par la pression atmosphérique. À chaque mouvement du piston, la pompe remontait à la surface 45 litres d'eau.

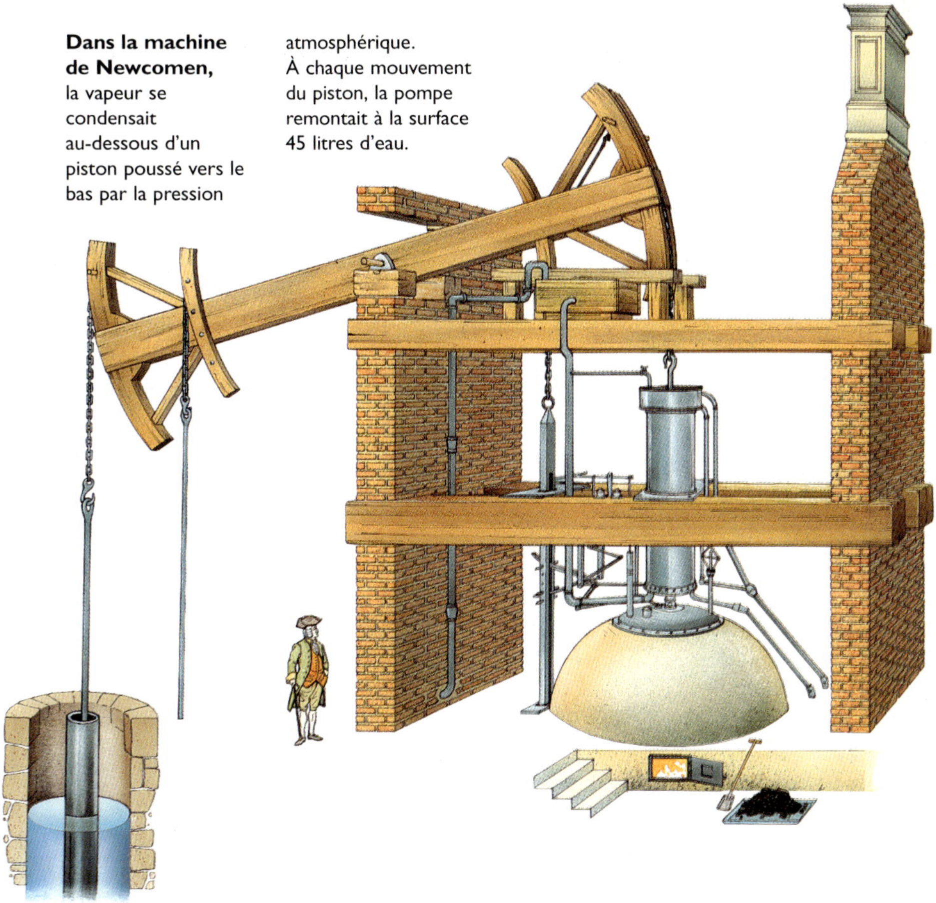

de l'économie avancent plusieurs raisons : les meilleurs rendements de l'agriculture, favorisés par des innovations juridiques et techniques, ce qui augmentait la capacité d'investissement dans les manufactures et les usines ; l'apparition d'une main-d'œuvre qualifiée ; la puissance déjà affirmée de l'Angleterre dans le monde, et la richesse qui en découlait ; le fait que la Grande-Bretagne constituait un marché relativement unifié où les personnes et les marchandises pouvaient circuler aisément, stimulant ainsi la demande et les échanges des biens ; une législation qui tendait à protéger les droits et les profits dérivant des inventions ; la grande richesse en charbon, carburant de la révolution industrielle, et son transport facile depuis les mines grâce à la présence de cours d'eau navigables… Tout cela contribua à la révolution industrielle en Angleterre, creusant un fossé entre ce pays et le reste de l'Europe.

L'industrialisation entraîna des innovations dans l'organisation du travail :

l'énergie animale et humaine fut remplacée par celle des machines à vapeur ; les méthodes d'extraction et de transformation des matières premières furent améliorées ; de nombreuses tâches, précédemment confiées aux hommes, furent exécutées par les machines.

La machine à vapeur

Aux XVIIe et XVIIIe siècles, la science occupa un rôle grandissant dans la société européenne. L'étude et la compréhension des phénomènes naturels cessèrent d'être l'apanage exclusif des philosophes et constituèrent un bagage de connaissances indispensable pour tous ceux qui travaillaient à la mise au point de nouveaux instruments et de nouvelles machines. L'une

Le métier à tisser de Jacquard fut un pas très important vers l'automatisation de la production textile. Le dessin du tissu était mémorisé sur des cartons perforés qui contrôlaient le travail de la machine. Le succès de ce métier fut immense : entre 1800 et 1811, la France fut envahie par 11 000 machines de ce type, fonctionnant avec un seul ouvrier.

des inventions les plus spectaculaires de cette époque fut la machine à vapeur. C'est le physicien italien Evangelista Torricelli (1608-1647) qui fit le premier pas vers sa réalisation, en découvrant l'existence de la pression atmosphérique. L'occasion en fut donnée par un problème purement pratique : les techniciens du grand-duc de Toscane n'arrivaient pas, avec une pompe aspirante, à tirer l'eau d'un puits de 15 m de profondeur. Torricelli comprit qu'il fallait vaincre la force exercée par la couche d'air qui enveloppe la Terre, force capable de faire remonter le mercure dans un tube de 76 cm de hauteur. De la découverte de Torricelli dériva toute une série d'expériences sur les propriétés de la pression atmosphérique et du vide. L'une des plus célèbres fut celle du physicien allemand Otto von Guericke (1602-1686), qui, en 1654, démontra que la force de seize chevaux n'était pas suffisante pour séparer deux demi-sphères de laiton quand le vide avait été fait entre elles. On comprit ainsi que, si le vide pouvait être recréé sans cesse, alors la pression atmosphérique pouvait représenter une nouvelle forme d'énergie. Le premier appareil utilisant la vapeur d'eau fut construit en 1689 par le mécanicien anglais Thomas Savery, et il fut uti-

Les mines
L'extraction des minéraux, et surtout du charbon, fut capitale pour le développement industriel. C'était toutefois un travail épuisant pour lequel on employait même des enfants, qui transportaient les wagons.

lisé pour pomper l'eau dans les mines de charbon ; mais il risquait toutefois d'exploser sous les très hautes pressions. À la même période, Thomas Newcomen mit au point une machine qui, tout en se basant sur les mêmes principes, était plus pratique et plus sûre. Toutefois, la machine à vapeur est liée au nom de l'Écossais James Watt (1736-1819), qui, grâce à une série de perfectionnements, quadrupla son rendement.

La diffusion des machines

La machine de Watt permit de transformer l'énergie chimique du charbon en énergie mécanique : la richesse en charbon, facilement accessible, du sous-sol de la Grande-Bretagne fut d'une importance capitale pour le développement industriel de celle-ci.

La révolution industrielle occasionna une corrélation fructueuse entre inventions et production : l'usage de la machine à vapeur exigeait une augmentation de la production de combustible, fournissait de l'énergie à bas prix et facilitait l'activité d'extraction des minéraux (charbon inclus) ; tout cela permit une croissance de l'industrie minière et de l'industrie métallurgique. Tous les domaines de la production profitèrent de l'introduction de nouvelles machines, qui augmentaient les bénéfices et rendaient moins dur et plus efficace le travail des ouvriers.

Dans le secteur du textile, par exemple, les progrès furent époustouflants. Depuis la préhistoire, les écheveaux de laine avaient été transformés

La rotation de Norfolk
Elle consistait à alterner sur le même champ, sur un cycle d'une durée de quatre ans, des cultures renouvelables (navet, maïs, pomme de terre, chanvre, tomate), des cultures fourragères qui renforçaient la fertilité du sol (trèfle), et des cultures d'exploitation (blé, orge).

en fil par les doigts des femmes. En 1738, on découvrit que l'on pouvait obtenir le même résultat avec deux rouleaux. Les premiers automates firent leur apparition dans les fabriques de tissus. Le modèle perfectionné du métier à tisser automatique mis au point par le mécanicien français Joseph Marie Jacquard en 1801 fonctionnait comme l'un des premiers ordinateurs. L'information contenant le dessin du tissu était mémorisée sur des cartons perforés, permettant le fonctionnement automatique du métier, sans l'intervention d'ouvriers. Cependant, la production industrielle n'augmenta pas tout de suite de façon spectaculaire : on assistera à une véritable croissance à partir de 1820.

La productivité agricole croissante et les premiers effets de la révolution industrielle favorisèrent une augmentation de la population européenne. Entre 1750 et 1850, celle-ci (Russie exclue) passa de 120 à 210 millions d'habitants. Pour les nourrir, l'agriculture dut accroître sa production. Durant la seconde moitié du XVIIIe siècle, en Grande Bretagne, le système de la rotation des cultures en quatre cycles, dit rotation de Norfolk, se généralisa, en augmentant un rendement déjà élevé depuis plusieurs décennies. Les profits provenant de l'agriculture fournirent les capitaux nécessaires aux investissements industriels. Entre la fin du XVIIIe siècle et le début du XIXe, on assista à une éclosion d'engins mécaniques qui labouraient, semaient, moissonnaient et battaient. La passion pour toutes sortes de machines fut l'une des caractéristiques

Cet automate, une joueuse de clavecin, date de 1785. On aperçoit les cylindres crantés et les cames, les deux dispositifs qui génèrent le mouvement.

La roue hydraulique transformait le courant de l'eau en énergie mécanique. Elle servait également à ravitailler la ville en eau potable.

de la révolution industrielle. Par le passé, on avait imaginé et conçu des machines complexes, mais les matières premières et l'énergie nécessaires pour les construire ne furent disponibles qu'à partir de 1750.

En dépit du succès de la machine à vapeur, les courants des fleuves continuèrent à constituer, en Angleterre, la principale source d'énergie. Des générations entières de mécaniciens s'appliquèrent, à l'aide de roues gigantesques, à puiser de l'énergie de chaque goutte

LE MÉCANISME de cet automate a été construit par Henry Louis Droz.

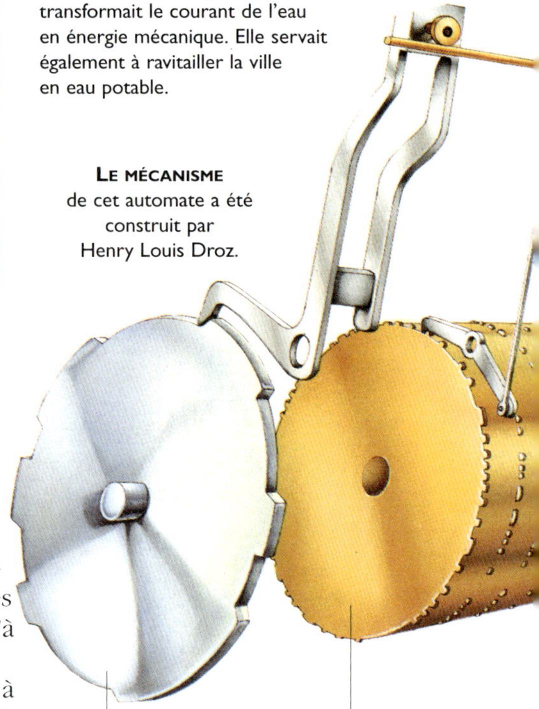

Les cames sont des disques de forme irrégulière qui actionnent le mouvement du bras de la droite vers la gauche.

Le cylindre cranté commande le mouvement des doigts.

d'eau en mouvement. D'autres se consacrèrent à la conception de machines-outils, fondamentales pour l'économie industrielle. Grâce à un tour, par exemple, on peut façonner un tournevis qui permettra d'assembler les pièces d'une voiture.

En 1775, les outils étaient encore les mêmes que ceux utilisés par les artisans du Moyen Âge ; en 1850, toutes les machines-outils modernes, du tour à la raboteuse automatique, avaient été inventées. Les mécanismes et les machines devinrent même un divertissement : poupées mécaniques et instruments de musique automatiques entrèrent dans les salons de la noblesse et de la bourgeoisie naissante : une mode en phase avec l'esprit de l'époque. D'ailleurs, un philosophe comme Descartes n'avait-il pas suggéré que les hommes étaient sem-

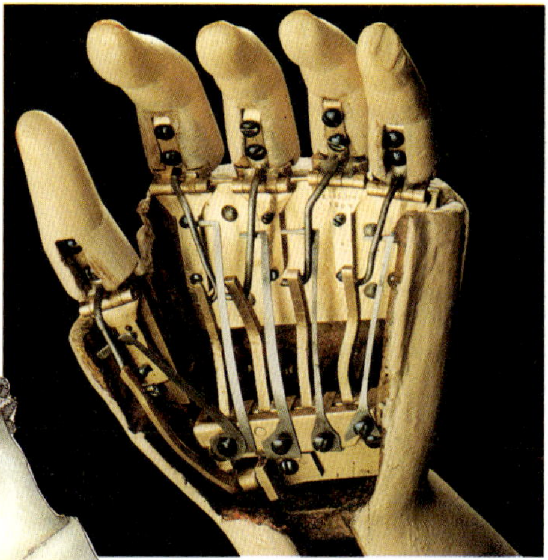

Le mécanisme de la main
est la partie terminale de l'automate.

Le clavier
est disposé en éventail pour faciliter le mouvement du bras.

La poupée qui sert le thé
Cet automate japonais témoigne de la passion pour les engins mécaniques au XVIIIe siècle.

blables à des engins mécaniques particulièrement perfectionnés?

La Royal Society et l'*Encyclopédie*

La conception mécaniste de l'univers fut renforcée par la création d'institutions qui avaient pour but le progrès de la science et la diffusion de la culture scientifique dans la société.

La Royal Society, première société scientifique européenne, fut fondée à Londres en 1660 : elle contribua à la naissance d'une culture technologique s'appuyant sur les connaissances scientifiques et non sur l'expérience de plusieurs générations d'artisans. Elle regroupait une société d'hommes intéressés par la physique et ses applications, et elle favorisa la publication d'écrits sur les découvertes scientifiques et techniques. Au fil du temps, la diffusion du savoir scientifique et de ses applications fut également un objectif philanthropique. En 1796, le comte Rumford proposa la fondation d'une maison d'assistance pour les pauvres, financée par une institution qui produirait et diffuserait les inventions.

Dans les années de la Révolution française, l'opinion se répandit que la science et la technique pouvaient affranchir l'Homme des travaux lourds. Cette idée fut étayée par l'œuvre des encyclopédistes français. La célèbre *Encyclopédie* dirigée par Denis Diderot et Jean Le Rond d'Alembert était inspirée par le rationalisme typique du siècle des Lumières. Cet énorme ouvrage répertoriait de façon systématique les connaissances de l'époque en sciences et en techniques. Ces deux domaines

La Royal Society organisa des expéditions dans le monde entier, dont la plus célèbre fut celle emmenée par James Cook dans l'océan Pacifique, en 1768.

Diderot et d'Alembert recueillirent dans les volumes de leur *Encyclopédie*, publiée en 39 tomes entre 1751 et 1772, tout le savoir scientifique et technologique de leur époque.

ne furent plus seulement des centres d'intérêt à la mode, mais devinrent objets d'étude. Des écoles pour former des mathématiciens et des ingénieurs furent créées, telle, à Paris, l'École polytechnique, en 1794.

La science moderne, née avec Galilée, atterrissait sur les bancs des écoles. Désormais, les inventions n'étaient plus le résultat du hasard ou d'un coup de génie ; elles étaient étroitement liées à l'étude des phénomènes naturels. La révolution industrielle avait scellé le lien entre la science et la technique, un lien qui donnerait ses meilleurs fruits dans la seconde moitié du XIXe siècle.

LE TRIOMPHE DE L'OPTIMISME

Le téléphone, l'électricité, le train, l'automobile apparurent dans la seconde moitié du XIXe siècle, transformant le mode de vie des Européens et des Américains. La seconde révolution industrielle allait apporter un progrès et un bien-être illimités…

En 1851, une exposition internationale se tint à Londres, au Crystal Palace, où furent présentés les objets les plus innovants. Aucun événement ne pouvait mieux symboliser le grand optimisme, dérivant de l'expansion de la science et de la technologie, qui traversait l'Europe entière. Les Britanniques, en particulier, eurent le sentiment d'appartenir au plus puissant pays industrialisé du monde. La reine Victoria elle-même fut émerveillée par les succès obtenus par ses sujets dans le domaine de la technique, et elle félicita chaudement son fils, qui avait participé à l'organisation de l'exposition. Elle nota dans son journal : « Dieu bénisse mon cher Albert et mon cher pays, qui s'est montré aujourd'hui si grand ! »

Mais qu'avait donc de si enthousiasmant cette exposition ? D'après les comptes rendus de l'époque, on y découvrait le *nec plus ultra* de la révolution industrielle, des machines-outils

LES LIGNES TÉLÉPHONIQUES
Les premières apparurent en Angleterre, dans les grandes villes, au milieu du XIXe siècle. Les premiers téléphones étaient formés de deux éléments, l'un pour parler et l'autre pour écouter. Un opérateur mettait en contact les deux interlocuteurs.

aux moissonneuses, des pendules aux machines à coudre…

Au milieu du XIXe siècle, tout citoyen européen un peu informé des innovations technologiques ne pouvait qu'imaginer un avenir radieux, fait d'incessants progrès, où d'innombrables machines faciliteraient le travail et rendraient plus confortables même les activités les plus simples de la vie quotidienne.

C'est en effet vers 1850 que le progrès technologique accomplit un bond en avant significatif. Il concerna au premier chef la France, la Prusse, et surtout les États-Unis. Jusqu'à cette date, la

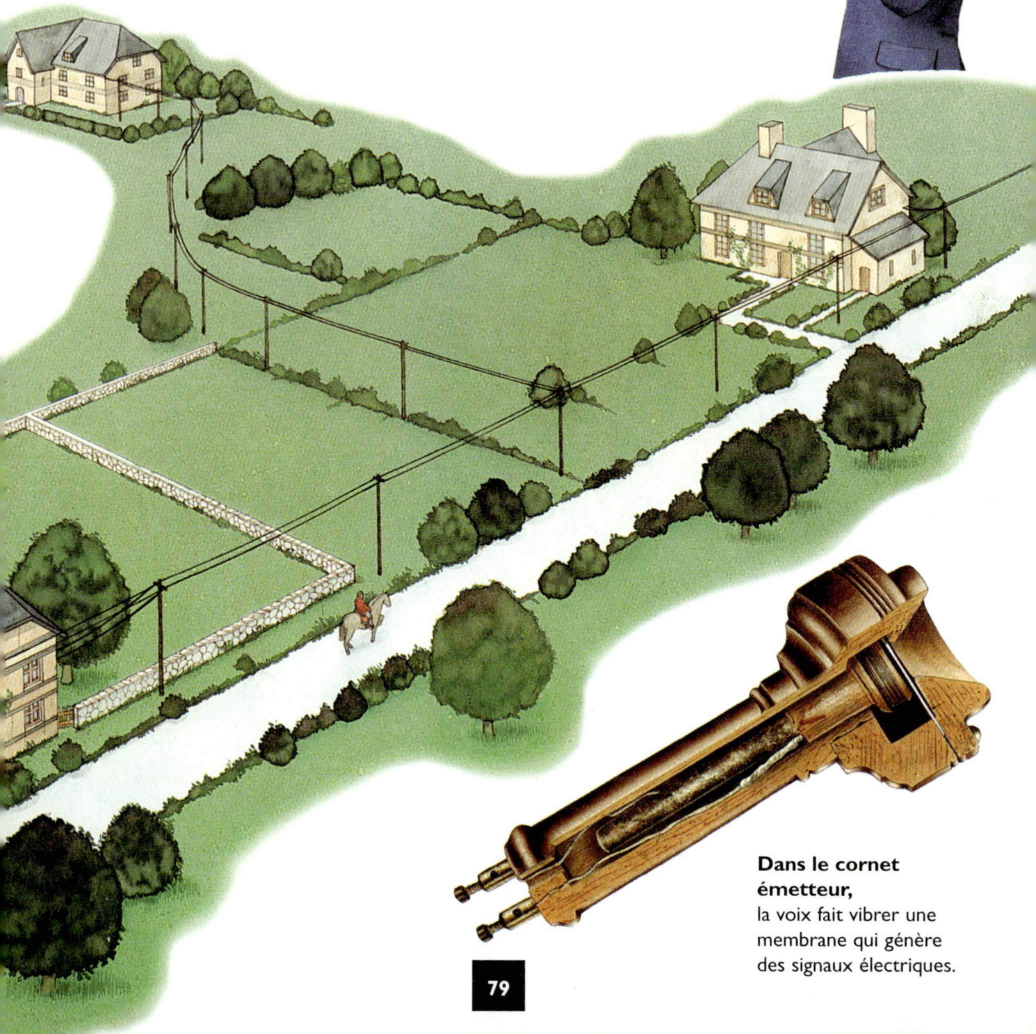

Dans le cornet émetteur,
la voix fait vibrer une membrane qui génère des signaux électriques.

collaboration entre la science et la technique avait donné des résultats importants, mais sporadiques.

Après 1850, les scientifiques devinrent les acteurs principaux des changements technologiques. L'exploitation de l'énergie hydraulique et de l'énergie chimique fut en grande partie possible grâce aux progrès scientifiques.

L'instruction joua également un rôle fondamental. Dans la seconde moitié du XIXe siècle, le degré d'évolution technologique d'un pays dépendait du nombre de scientifiques et de techniciens dont il disposait, et du niveau d'éducation moyen de ses citoyens.

L'impulsion et les transformations que tous ces facteurs imprimèrent à la société sont comparables à l'effervescence qui caractérisa l'époque de la révolution industrielle anglaise au XVIIe siècle. C'est pourquoi de nombreux historiens nomment cette période la « seconde révolution industrielle ».

Si le XVIIIe siècle fut marqué par la mécanisation de l'industrie textile, le développement des machines à vapeur, l'utilisation de la fonte, les vingt dernières années du XIXe siècle furent

L'HYGIÈNE
Au cours du XIXe siècle, certaines villes européennes comme Londres commencèrent à se doter de systèmes d'égouts recueillant les eaux usées des appartements et les faisant confluer dans des conduits souterrains.

Le water-closet fut inventé en 1778 par le Britannique Joseph Bramah. Au début, les déchets étaient recueillis à côté des immeubles, dans de grandes fosses que l'on vidait chaque jour.

L'eau courante à tous les étages et la multiplication des baignoires et des lavabos, d'abord en métal puis en céramique (à la fin du XIXe siècle), contribuèrent considérablement à l'amélioration des conditions d'hygiène.

caractérisées par l'acier, la chimie, le pétrole, l'électricité, et par la technologie au service de la vie quotidienne.

L'électricité

Au début du XIXe siècle, l'électricité était une simple curiosité scientifique. Peu à peu, au fil des recherches et des expériences, elle devint une forme d'énergie utilisée d'abord dans les communications, puis dans l'industrie métallurgique et chimique, et, plus tard, dans l'éclairage public.

Les découvertes fondamentales furent réalisées par des scientifiques de diverses nationalités. Parmi eux, l'Américain Benjamin Franklin, l'Italien Alessandro Volta, et surtout le Britannique Michael Faraday, qui fut le premier à montrer, en 1831, l'existence d'une relation entre les champs magnétiques et les courants électriques. Cette intuition,

conjuguée au perfectionnement des machines à vapeur, ouvrit la voie à la construction de générateurs mécaniques d'électricité, basés sur le principe de la dynamo d'une bicyclette moderne.

L'apparition du courant électrique révolutionna avant tout le secteur des communications. Dès 1837, deux inventeurs britanniques, William Cooke et Charles Wheatstone, avaient fait breveter le premier télégraphe électrique destiné à mettre en relation les gares des chemins de fer de Grande-Bretagne. Mais, malgré son succès, ce télégraphe ne transmettait que des séquences de bips. Un instrument capable de transmettre les paroles aurait été considéra-

Les frères Lumière déposèrent leur brevet du cinématographe le 13 février 1895.

La première projection de cinéma
Le 28 décembre 1895, parmi les 33 personnes qui assistèrent à la première projection cinématographique de l'histoire, *L'Arrivée d'un train en gare de La Ciotat*, nombreuses furent celles qui eurent peur d'être écrasées par le train ! Une semaine plus tard, il y eut 2000 spectateurs.

blement plus pratique. Les premières tentatives de mise au point d'un téléphone remontent à 1861, lorsque J. Philipp Reis en exposa un, semblable à un jouet, à Francfort-sur-le-Main.

L'objet qui allait devenir l'un des moyens de communication les plus populaires au monde fut breveté en 1876 par l'Américian d'origine britannique Alexander Graham Bell (1847-1922) – qu'une controverse sur la paternité de l'idée opposa à l'Italien Antonio Meucci.

Le succès du téléphone fut immédiat : en 1878, en Angleterre, le premier appareil commercial fut lancé, et l'année suivante on installa, à Londres, le premier central téléphonique qui permettait de gérer les appels entre différents utilisateurs.

L'éclairage au gaz se répandit dans les plus grandes villes. Peu à peu, il fut remplacé par l'éclairage électrique.

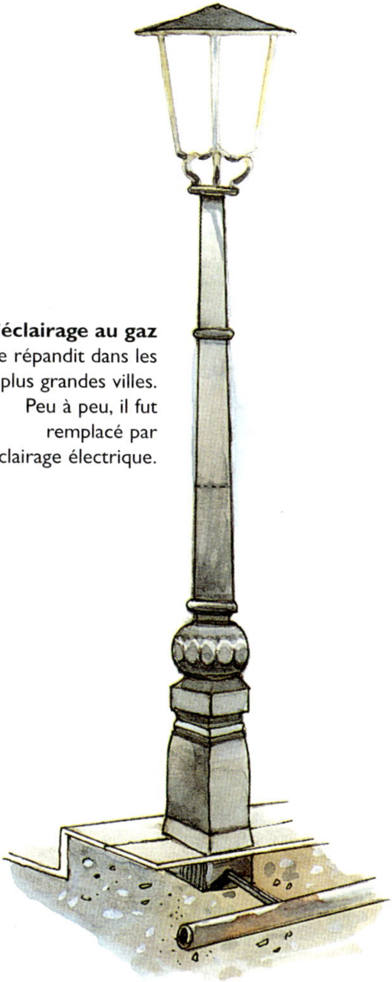

La vie quotidienne

Depuis l'Antiquité, les inventions technologiques tendaient à satisfaire les exigences fondamentales des communautés humaines : se défendre contre les ennemis, se procurer la plus grande quantité de nourriture avec le moins d'efforts possible, construire des habitations pour se protéger des intempéries. Les possibilités offertes par la seconde révolution industrielle allèrent au-delà de la simple satisfaction des besoins élémentaires. Inventeurs et savants recherchaient des solutions de nature à rendre la vie plus agréable et plus confortable, notamment en milieu urbain.

D'énormes progrès furent réalisés dans le domaine de l'hygiène publique. Les villes du monde industrialisé devinrent non seulement plus propres, mais aussi moins sombres la nuit : l'éclairage au gaz, inventé en 1797 par l'ingénieur français Philippe Lebon, se répandit très vite, et il illumina nos villes jusqu'au début du XXe siècle.

Comme nous l'avons dit, le XIXe siècle fut le siècle de l'éclairage électrique. L'invention capitale fut celle de la lampe à incandescence (1880), due à l'Américain Thomas Alva Edison (1847-1931). L'éclairage public posa le problème de la création d'un système centralisé de génération et de distribution de l'énergie. La première centrale électrique publique d'Europe fut construite à Godalming, en Angleterre, par les frères Siemens, en 1881. Au cours des quinze années suivantes, d'autres centrales surgirent en Europe occidentale, chacune dotée d'équipements et de méthodes de transmission propres.

La longueur du réseau de voies ferrées européen fut multipliée par quatre en vingt ans, entre 1850 et 1870.

L'émigration, pour des millions d'Européens, était le seul moyen d'échapper à la pauvreté. Leur destination favorite était l'Amérique, continent qui offrait de plus grands espoirs de trouver du travail.

De nouvelles formes de divertissement et d'expression artistique virent le jour. Lorsqu'en 1839 on apprit l'invention de la photographie, le peintre Paul Delaroche s'exclama : « À partir d'aujourd'hui, la peinture est morte ! » L'annonce du peintre se révéla erronée, mais il est certain que la reproduction fidèle des images sur plaque puis sur pellicule a eu des applications si nombreuses et si diverses, dans la science, dans l'art ou le commerce, qu'on peut la considérer comme un événement historique. Il en va de même pour le cinéma, né à la fin du XIXe siècle. Le premier objet en mouvement fut photographié plusieurs fois sur la même plaque en 1874, et le premier film fut projeté en public à Paris en 1895.

Les distances raccourcissent

Les innovations technologiques les plus révolutionnaires du XIXe siècle concernent le transport des personnes, des

LES GRANDS NAVIRES
Ils contribuèrent à l'accroissement de l'importation de matières premières. Entre 1840 et 1870, la Grande-Bretagne multiplia ses importations de laine par 200.

La puissance d'un paquebot, en 1893, pouvait atteindre 60 000 chevaux vapeur. En 1829, le premier bateau à vapeur n'en développait que 60 !

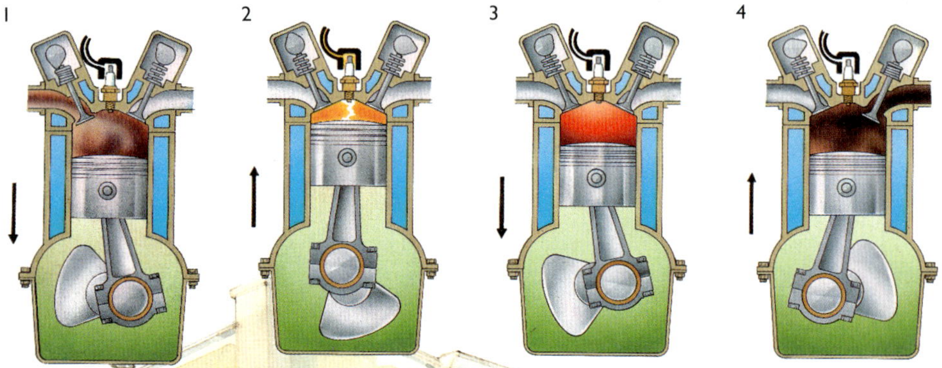

Karl Benz
présenta son tricycle à moteur
au public le 3 juillet 1886.
Le succès commercial de l'engin
fut fulgurant : en 1901,
des centaines d'exemplaires
avaient été vendus.

Le tricycle
atteignait une
vitesse maximale
de 13 km/h.

Le moteur à essence fonctionne en 4 temps :
1) Extension : le piston descend vers le bas et aspire les gaz, qui s'introduisent dans le cylindre.
2) Compression : les soupapes se ferment et le piston monte.
3) Explosion : l'étincelle allume le mélange de carburant et repousse le piston vers le bas.
4) Échappement : les soupapes s'ouvrent, le piston remonte et éjecte les restes de la combustion.

marchandises, des matières premières et de l'énergie.

La machine à vapeur, perfectionnée, devint le moteur des trains et des bateaux, et joua un rôle essentiel.

Dans les transports maritimes, la voile céda la place à la machine à vapeur à partir de 1838 pour les voyages transatlantiques. La puissance accrue des machines à vapeur favorisa l'augmentation des importations de matières premières depuis les territoires les plus éloignés et facilita pour des voyageurs de plus en plus nombreux les déplacements sur toute la planète. Vers la fin du XIXe siècle, le train était devenu le moyen de transport le plus utilisé : l'extension des réseaux de chemin de fer contribua à modifier la consommation des populations européennes. En reliant l'arrière-pays aux principaux ports, elle favorisa la croissance et la diversification des ravitaillements alimentaires en Europe.

La fin du XIXe siècle est aussi marquée par l'apparition de l'automobile. Certes, les premiers exemplaires évoquaient davantage une locomotive qu'une voiture moderne : ils n'avaient pas de moteur à essence, mais une chaudière, et fonctionnaient à la vapeur.

L'automobile moderne fut inventée par l'Allemand Karl Benz en 1885 : il mit au point un véhicule léger à trois roues, actionné par un moteur à essence. En 1893, il ajouta une quatrième roue, et son modèle connut un énorme succès commercial.

Un autre ingénieur allemand, Gottlieb Daimler, perfectionna le moteur à explosion et construisit des automobiles avec succès.

Aux États-Unis, Henry Ford, qui travaillait depuis six ans à son projet, réalisa en 1896 sa première automobile : elle atteignait la vitesse ahurissante de... 48 km/h !

En 1900, quelques années seulement après la mise au point des premiers modèle fiables, 9 000 automobiles circulaient déjà en Europe.

L'âge du fer et de l'acier

Fer et acier furent les « acteurs » de l'expansion technologique de la seconde moitié du XIXe siècle. Citons à titre d'exemple les bateaux à vapeur, dont les coques furent d'abord construites en fer, puis en acier, ou bien les voies ferrées qui couvrirent l'Europe.

Le fer et l'acier furent aussi employés, avec des résultats spectaculaires et originaux, dans l'architecture, et souvent pour des réalisations gigantesques et hardies qui n'avaient d'autre but que celui de provoquer l'émerveillement. Pour construire la tour Eiffel, élevée à Paris à l'occasion de l'Exposition de 1889, 7 300 tonnes de fer furent utilisées. L'Exposition de Londres de 1851, que nous avons déjà évoquée, avait eu également son édifice symbole, pour lequel on avait largement utilisé le fer : le Crystal Palace.

Les organisateurs de l'Exposition désiraient des réalisations imposantes, mais qui puissent être démontées à la fin de la manifestation.

Le constructeur de serres Joseph Praxton remporta le concours en proposant un bâtiment en fer et en verre de 600 mètres de long environ.

Bien que très apprécié, le fer présentait un inconvénient non négli-

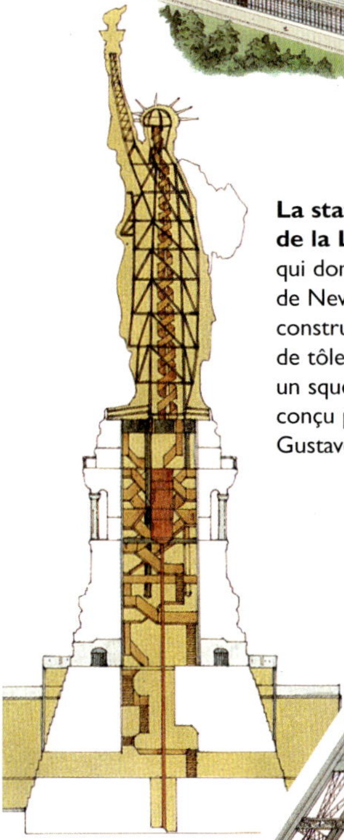

La statue de la Liberté qui domine la baie de New York est construite en plaques de tôle fixées sur un squelette en fer, conçu par Gustave Eiffel.

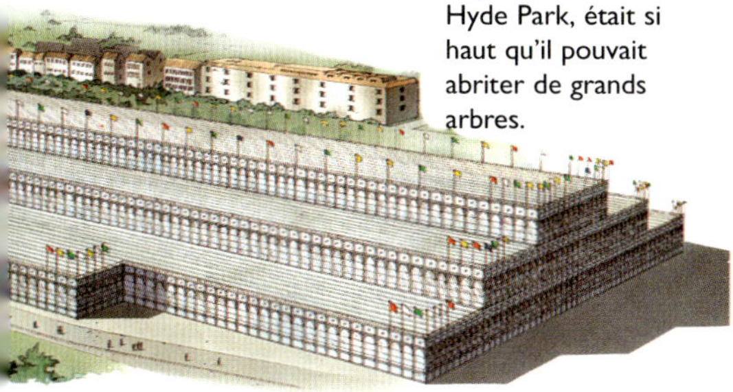

Le Crystal Palace érigé à Londres, dans Hyde Park, était si haut qu'il pouvait abriter de grands arbres.

geable : la rouille. L'idéal était donc d'utiliser l'acier, beaucoup plus onéreux, mais nettement plus résistant.

La différence principale entre les deux métaux réside dans la quantité de carbone qu'ils contiennent. En 1857, les deux inventeurs Henry Bessemer et William Kelly mirent au point, séparément, un processus économiquement avantageux pour enrichir le fer en carbone et le transformer en acier. Cette nouvelle méthode fit décoller l'industrie de l'acier. Rien qu'en 1879, la Grande-Bretagne en produisit plus d'un million de tonnes.

La tour Eiffel, ici en construction, est la structure en fer la plus grande de l'histoire. Il fallut 5 000 feuilles de papier pour dessiner le projet et trois ans de travail (de 1886 à 1889) pour ériger ses 294 m.

Les nouvelles machines

Parmi les grandes réussites technologiques du XIXe siècle figurent également des machines plus ou moins complexes, dont certaines, en particulier dans l'agriculture, eurent un impact immédiat sur la vie des hommes et sur les activités de production.

Ainsi, la moissonneuse mécanique de Cyrus McCormick fut inventée en 1832 et se diffusa très vite... aux États-Unis. Car, ailleurs, l'absence de grandes étendues cultivées, semblables aux vastes plaines américaines, et les résistances des paysans retardèrent l'utilisation de ces machines. De plus, de nombreux matériels agricoles utilisaient encore l'énergie animale (les moissonneuses étaient souvent tirées par des chevaux), ce qui explique la lenteur de la diffusion des machines à moteur. De nouveaux engins en acier (batteuses à vapeur, semoirs et moissonneuses mécaniques) firent ensuite leur apparition et, lentement mais sûrement, se répandirent dans les campagnes européennes, augmentant les rendements agricoles et la production.

Charles Babbage
(1792-1871)
conçut une
calculatrice mécanique
contenant
5 000 roues dentées.

La moissonneuse
coupe le blé grâce à deux séries de lames courtes et triangulaires, placées dans la partie antérieure, et qui se déplacent l'une après l'autre.

La machine à coudre est également une invention de cette époque. Les tentatives de reproduction mécanique du mouvement manuel furent très nombreuses. Dans la première moitié du XIXe siècle, dix-sept types différents de machines à coudre furent inventés, mais tous imparfaits. L'Américain Isaac Merrit Singer perfectionna ces prototypes et fabriqua un modèle que l'on pouvait actionner facilement en appuyant sur un pédalier. Succès phénoménal : Singer produisit 2 200 machines à coudre en 1853 et 500 000 en 1870.

À la même période, la machine à écrire fut brevetée. La société américaine Remington acheta le brevet en 1874 et lança la production à grande échelle de ce nouvel instrument qui allait changer radicalement le travail des employés de bureau.

Il y eut aussi des tentatives, non couronnées de succès, de mettre au point des machines à calculer, comme celle du mathématicien anglais Charles Babbage, qui investit toute sa fortune dans la réalisation d'un ancêtre mécanique des ordinateurs modernes.

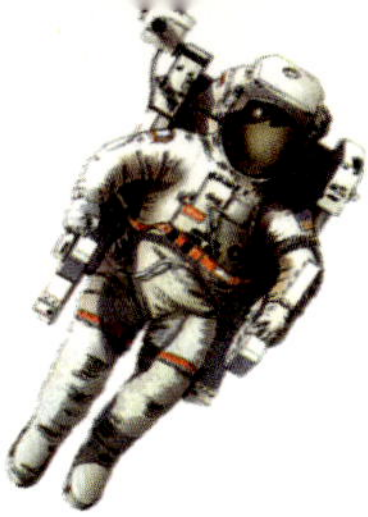

Le siècle de la science

Science et technique ne se satisfont plus seulement de géniaux inventeurs ; les États et les groupes industriels, qui financent la recherche, en sont les maîtres d'œuvre. Mais si la science a changé notre vision du monde, elle manifeste aussi désormais ses effets négatifs sur l'environnement et sur la vie.

Le XXe siècle a proclamé sa vocation scientifique : la science sera la grande protagoniste d'une ère nouvelle. La radio et le premier vol d'un avion à moteur inaugurent le siècle. En quelques années, les scientifiques européens réalisent un nombre impressionnant de découvertes : certaines pratiques, d'autres théoriques.

C'est ainsi que naît la physique théorique d'Albert Einstein. En 1905, le jeune savant élabore la théorie de la relativité restreinte, et en 1915 celle de la relativité générale. Il devient le personnage symbole du siècle, influence la culture et contribue à transformer l'image qu'ont les hommes de la science et du monde. C'est au XXe siècle que la mécanique quantique s'affirme : une théorie qui a dévoilé définitivement les secrets des atomes et de leurs compo-

Le béton armé, matériau qui a eu le plus de répercussions sur l'architecture du XXe siècle, est formé d'une armature en fer enrobée de béton, auquel elle donne résistance et élasticité.

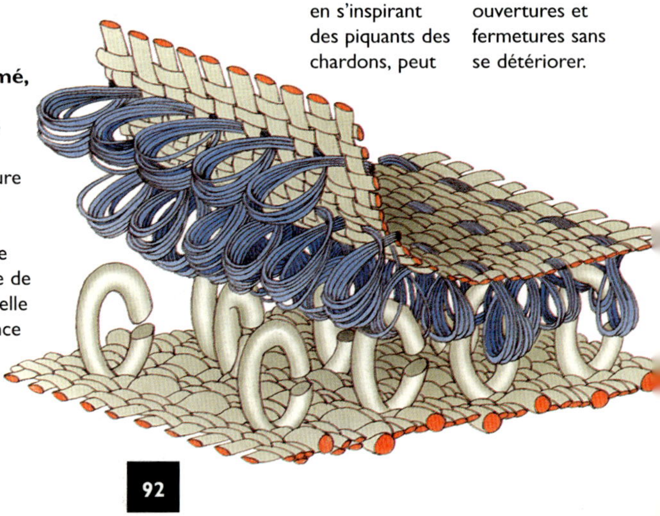

Le Velcro, inventé en 1948 en s'inspirant des piquants des chardons, peut supporter plus de 10 000 ouvertures et fermetures sans se détériorer.

sants. D'importantes découvertes scientifiques se succèdent, qui détermineront la révolution technologique dont nous recueillons les fruits aujourd'hui.

Prises en étau entre le progrès et le risque de destruction de la planète, science et technologie marchent désormais du même pas : on assiste à la naissance de ce que certains appellent la *Big Science*, c'est-à-dire l'union du travail et du talent de nombreux savants et techniciens, au service de programmes très ambitieux des grandes puissances mondiales.

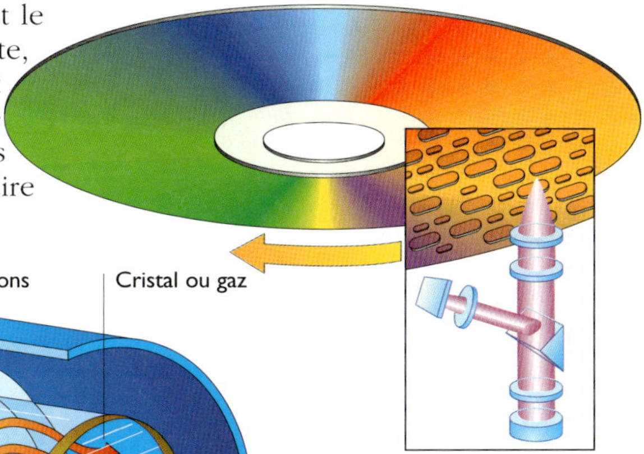

Dans un lecteur de CD-Rom, le laser distingue les zones qui reflètent la lumière des zones qui l'absorbent, et il traduit ces informations en séquence de 0 et de 1.

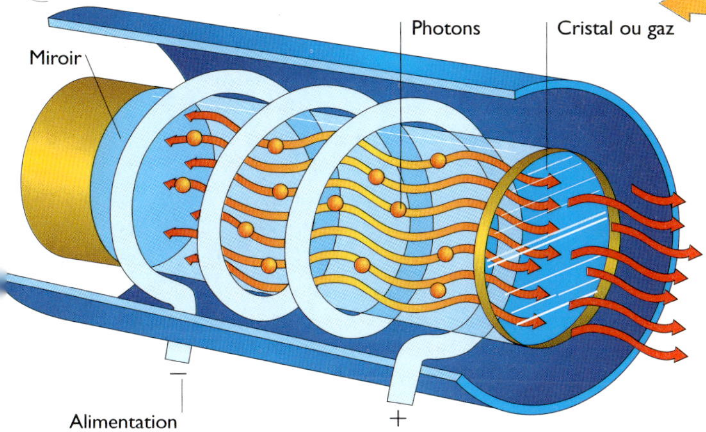

Le rayon laser est une lumière monochromatique (d'une seule couleur) et cohérente (elle ne se disperse pas dans l'espace, mais reste concentrée en un faisceau). Il est le résultat d'une sorte de réaction en chaîne à l'intérieur de certains cristaux.

L'EXPÉRIENCE DE FERMI
Le 2 décembre 1942, le physicien italien Enrico Fermi réussit à faire fonctionner un réacteur nucléaire, provoquant ainsi la première réaction en chaîne auto-entretenue et contrôlée. L'expérience faisait partie du programme Manhattan, le grand projet scientifique et militaire des États-Unis qui aboutira à la construction de la bombe atomique.

Une autre nouveauté de la technologie du XXe siècle fut, dans les pays développés, la capacité de produire des biens en grande quantité pour une consommation de masse : à côté des innovations destinées à la production et aux services, l'industrie multiplia les inventions à usage personnel : aujourd'hui, nous ne pouvons plus concevoir notre vie sans l'avion, l'ordinateur, le téléphone portable, Internet…

L'énergie

En 1900, le charbon était pratiquement le seul combustible fossile utilisé pour produire de l'énergie. Quelques décennies plus tard, sa suprématie fut détrônée par le pétrole. Dès 1950, aux États-Unis, les consommations de charbon et de pétrole étaient équivalentes. Brûler du charbon ou du pétrole est l'une des façons les plus courantes de produire de l'énergie. Une alternative consiste à désintégrer des noyaux d'atomes.

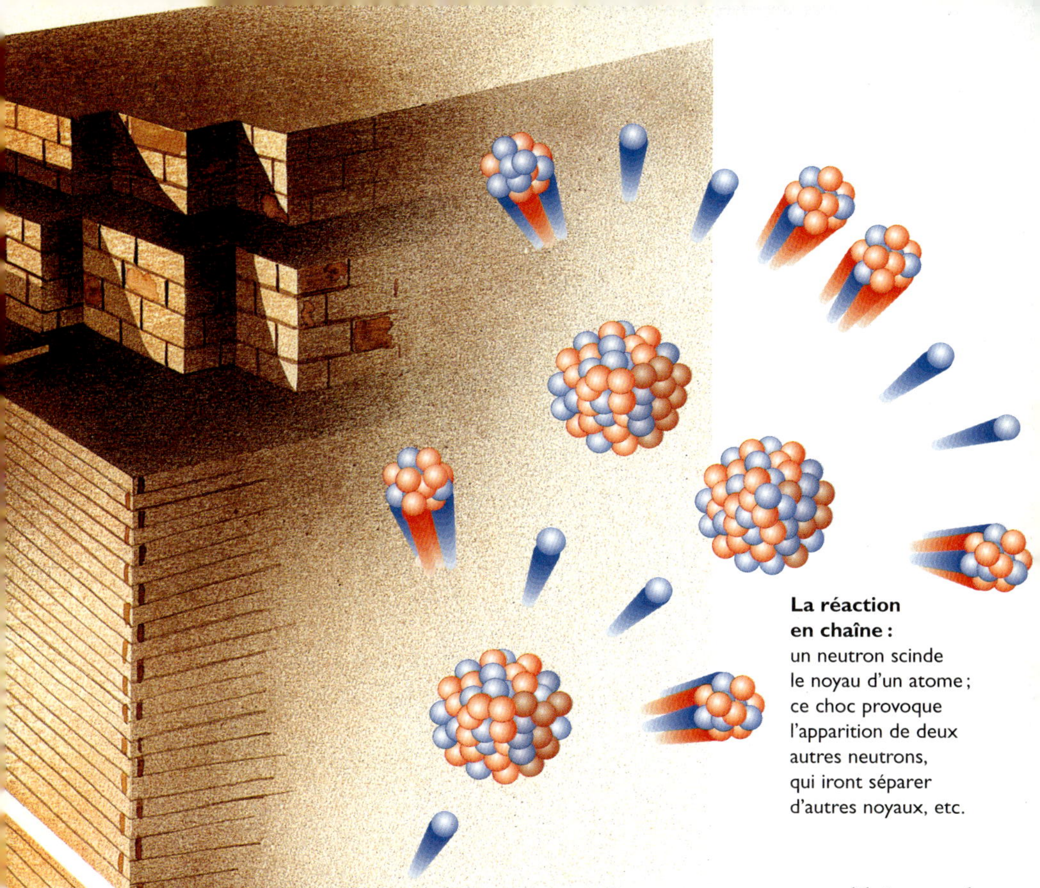

La réaction en chaîne : un neutron scinde le noyau d'un atome ; ce choc provoque l'apparition de deux autres neutrons, qui iront séparer d'autres noyaux, etc.

Depuis l'époque classique, avec le philosophe grec Démocrite (v. 460- 370 av. J.-C.), jusqu'au XIXe siècle inclus, on affirma l'existence d'une particule de base de la matière, infiniment petite et indivisible : l'atome. Les études menées aux XIXe et XXe siècles, et surtout la découverte de la radioactivité et de l'électron, permirent de connaître la constitution et la structure de l'atome, et l'on finit par comprendre que celui-ci pouvait se « casser » en libérant de l'énergie. En 1938, le physicien allemand Otto Hahn provoqua la fission d'un noyau d'atome d'uranium. En 1942, on mit au point le processus permettant d'obtenir, de la scission de l'atome, de grandes quantités d'énergie.

Mais l'énergie atomique peut s'avérer très destructrice lorsqu'elle n'est pas contrôlée.

La première centrale nucléaire pour la production d'électricité fut construite à Calder Hall, en Angleterre, en 1956. Dans les années suivantes, l'énergie par fission nucléaire a été adoptée par de

nombreux États mais, contrairement aux attentes, elle n'a guère réglé le problème des besoins énergétiques. Des accidents (dont le plus grave a été celui de Tchernobyl, en Ukraine, le 26 avril 1986) ont mis en évidence les dangers des centrales nucléaires. Ces risques, ajoutés à ceux relatifs aux grandes quantités d'anhydride carbonique dégagées dans l'atmosphère par la combustion du charbon et du pétrole, ont conduit à rechercher de nouvelles formes d'énergies. La meilleure solution serait la fusion nucléaire, qui est en réalité le processus qui alimente le Soleil. Mais c'est un procédé difficile à mettre en œuvre, et très probablement l'énergie que nous consommerons dans le futur immédiat ne sera pas produite ainsi. Il est beaucoup plus probable que l'on adoptera d'autres sources d'énergie, dites renouvelables, c'est-à-dire des sources d'énergie qui, contrairement au charbon et au pétrole, ne sont pas menacées d'épuisement et qui, en outre, ne polluent pas, tels le vent, le soleil, les fleuves et les marées.

Les télécommunications

La radio fut le premier *mass media* inventé au XXe siècle. En 1901, l'Italien Guglielmo Marconi réalisa la première transmission radio en envoyant des messages à travers la Manche. En 1906, dans le Massachussets, on transmit à quelques centaines de kilomètres de distance deux morceaux de musique et un bref discours, grâce à une nouvelle technique mise au point par le physicien canadien Reginald A. Fessenden. Bientôt, grâce à la possibilité d'atteindre

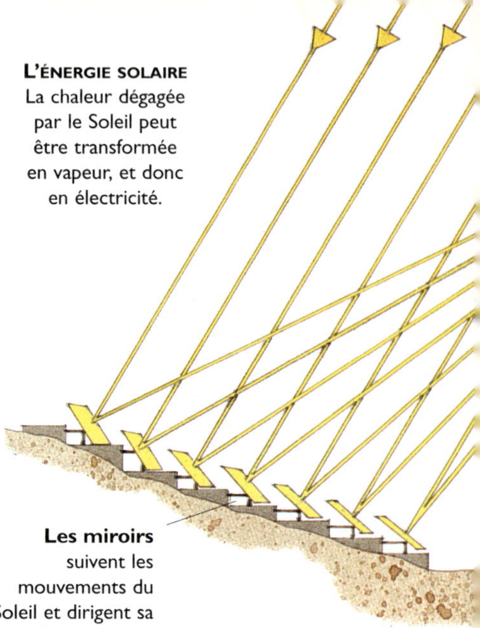

L'ÉNERGIE SOLAIRE
La chaleur dégagée par le Soleil peut être transformée en vapeur, et donc en électricité.

Les miroirs suivent les mouvements du Soleil et dirigent sa chaleur vers une chaudière.

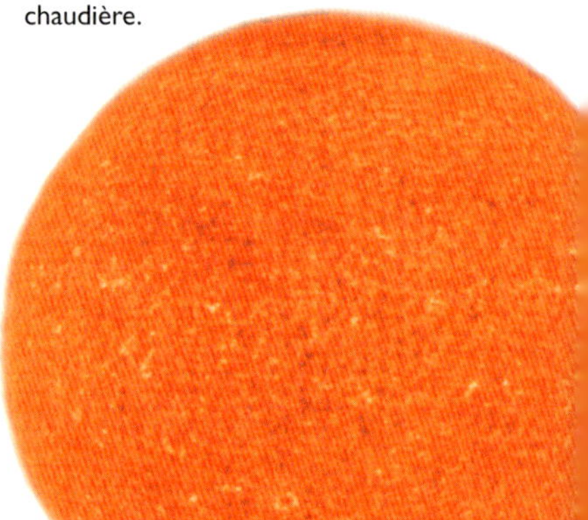

La fusion nucléaire
En faisant fondre deux atomes d'hydrogène, pour en former un d'hélium, on obtient une grande quantité d'énergie, sans déchets radioactifs (contrairement à la fission). C'est le même principe qui génère l'énergie du Soleil.

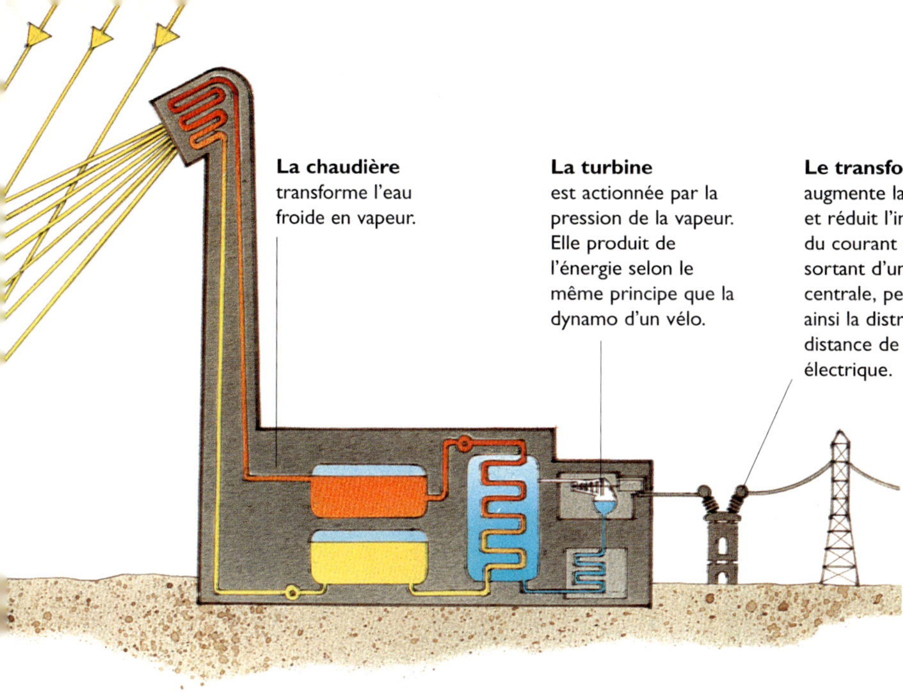

La chaudière transforme l'eau froide en vapeur.

La turbine est actionnée par la pression de la vapeur. Elle produit de l'énergie selon le même principe que la dynamo d'un vélo.

Le transformateur augmente la tension et réduit l'intensité du courant électrique sortant d'une centrale, permettant ainsi la distribution à distance de l'énergie électrique.

Les centrales éoliennes sont les moulins à vent modernes. Elles sont dotées d'énormes hélices (35 m de diamètre), placées sur des tours de 30 m de hauteur.

instantanément des millions de foyers, la radio devint un moyen de communication politique, culturel, social et économique plus important que la presse écrite.

Dans les années 1920 débutèrent les premières tentatives qui aboutiront à l'invention de la télévision. Le premier procédé fut élaboré en 1884 par l'Allemand Paul Nipkow : la reproduction d'une image par des lignes horizontales constituées de points lumineux de différentes intensités, et sa transmission à travers des ondes électromagnétiques. Mais c'est avec l'invention du tube cathodique et le développement de l'électronique que la télévision fut définitivement mise au point. La première caméra de télévision fut réalisée en 1938, et la première chaîne publique fut lancée aux États-Unis l'année suivante.

Les transmissions télévisées restèrent au stade expérimental jusqu'à la fin de la Seconde Guerre mondiale et commencèrent à se développer à la fin des années 1940, d'abord aux États-Unis, puis dans les pays européens. Après le succès commercial de la télé en noir et blanc, on essaya de nouveaux procédés pour transmettre des images en couleurs. En 1950, les États-Unis autorisèrent l'exploitation commerciale de la télévision en couleurs, et, trois ans plus tard, les premières émissions en couleurs étaient diffusées.

L'étape suivante fut la télévision par satellite. Le 10 juillet 1962, le satellite artificiel Telstar I était lancé. Quelques jours après, on réalisa la première liaison télévisée entre les États-Unis et l'Europe : ainsi naissait la mondiovision. Depuis, il y a eu une myriade de petites

Le tube cathodique, mis au point en 1897, est le cœur du téléviseur. C'est une ampoule en verre sous vide, à l'intérieur de laquelle se déplace un faisceau d'électrons.

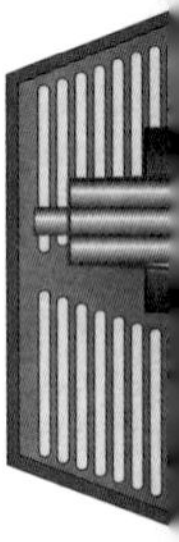

La première télévision
En 1926, l'ingénieur britannique John Baird réalisa une image télévisée à basse définition (30 lignes et 5 images par seconde) en utilisant un dispositif mis au point par Nipkow en 1884.

La télévision se répand aux États-Unis à partir de 1947, date de commercialisation des premiers téléviseurs. Mais ces appareils en noir et blanc étaient encore fort rudimentaires, et les programmes très limités.

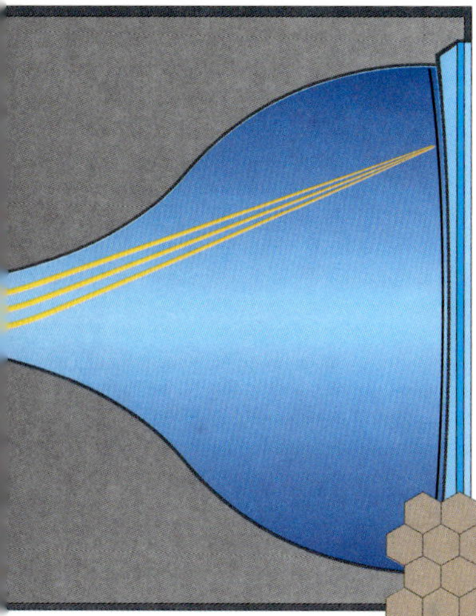

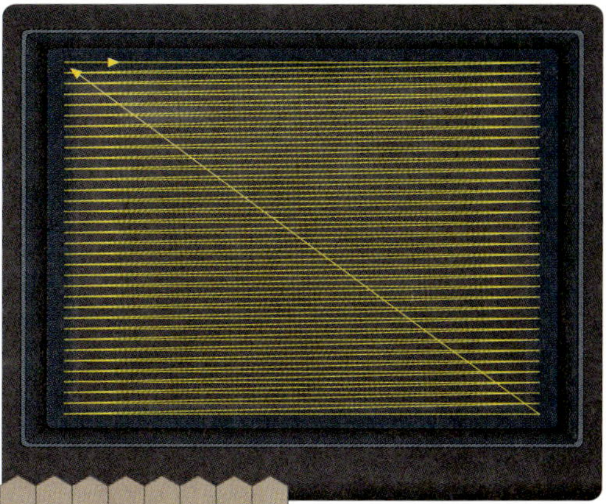

L'écran de la plupart des téléviseurs est constitué de 625 lignes, balayées par les faisceaux lumineux 50 fois par seconde.

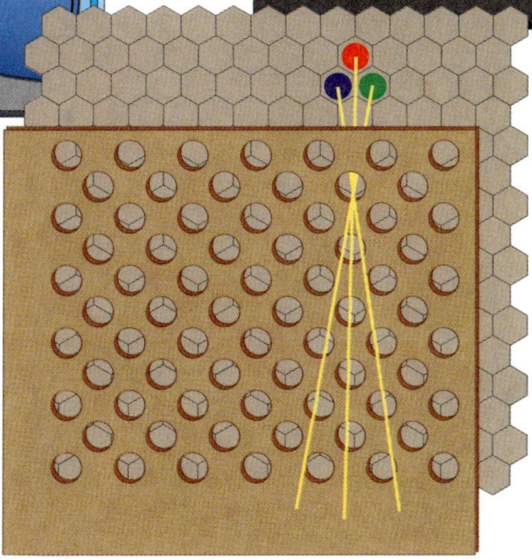

Sur les écrans en couleurs, l'image est formée d'une myriade de points contenant des éléments de phosphore verts, rouges et bleus, mélangés par trois faisceaux électroniques.

et grandes améliorations, comme par exemple l'introduction de la télécommande. La prochaine étape sera la télévision interactive : les téléspectateurs pourront accéder à de vastes archives, contenant des programmes de tout genre, reliées à leur téléviseur par des câbles à fibres optiques.

L'informatique

L'électronique a révolutionné la radio et la télévision, et elle a engendré les ordinateurs. Le premier de ceux-ci, nommé ENIAC *(Electronic Numerical Integrator and Computer),* fut réalisé aux États-Unis en 1946 par les ingénieurs John William Mauchly et John Prespert Eckart. Ce premier calculateur entièrement électronique, sans parties mécaniques, était énorme : il occupait à lui seul une surface de 140 m^2. Il fut programmé pour l'armée américaine, qui l'utilisait pour calculer le poids, la force, le champ d'action de bombes, de fusées

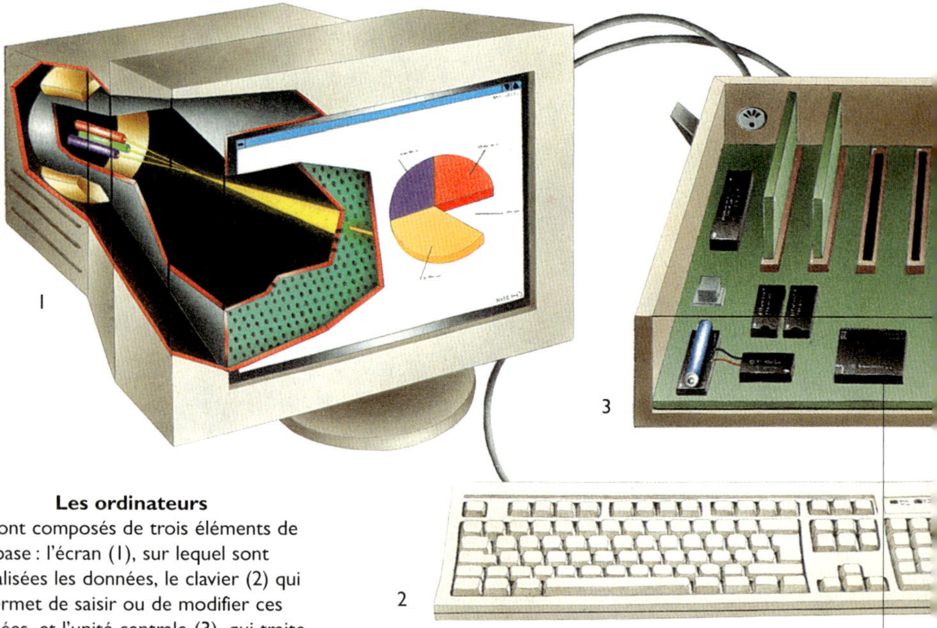

Les ordinateurs
Ils sont composés de trois éléments de base : l'écran (1), sur lequel sont visualisées les données, le clavier (2) qui permet de saisir ou de modifier ces données, et l'unité centrale (3), qui traite les informations. Peuvent s'y ajouter toutes sortes de périphériques tels que modem, scanner, lecteurs de supports informatiques, hauts parleurs, tablette graphique, lecteur et graveur de CD-Rom, etc.

La CPU,
ou *Central processing unit,* est le cerveau de l'ordinateur.

et de missiles. Quelques années plus tard, l'invention du transistor, beaucoup plus performant et moins encombrant que les lampes, permit la mise au point d'une deuxième génération d'ordinateurs, petits, économiques, efficaces et puissants. Vers le milieu des années 1950, les ordinateurs firent leur entrée dans les entreprises. En 1951, le premier ordinateur commercial, l'UNIVAC I *(Universal Automatic Computer),* fut installé aux États-Unis, au Bureau of Census, et, en 1952, il fut utilisé pour la prévision (correcte, d'ailleurs) des résultats de l'élection du président des États-Unis. L'année suivante, un ordinateur anglais, fondé sur le modèle du calculateur EDSAC de l'université de Cambridge, servit à enregistrer les commandes de

La mémoire vive, ou RAM, sous forme de barrettes, permet à l'ordinateur de travailler.

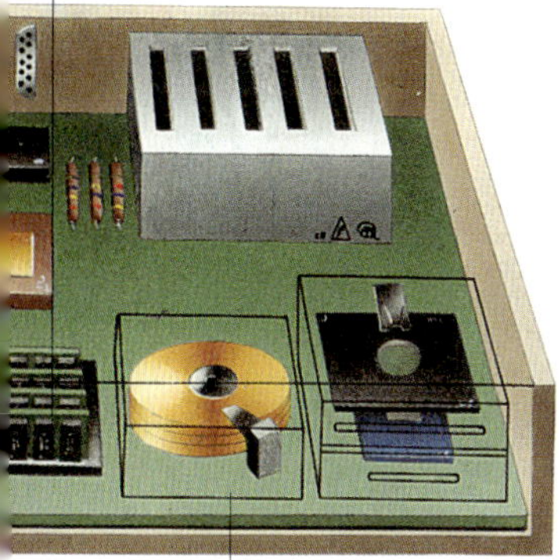

Le disque dur est la grande mémoire électronique où toutes les informations sont stockées.

Le microprocesseur fut inventé en 1971. C'était une « puce » de silicium de 3 cm de largeur et de 4 cm de longueur, qui concentrait les fonctions de milliers de transistors.

pain et de gâteaux pour la chaîne de boulangeries de J. Lyons à Londres : c'était la première application commerciale de l'ordinateur. La demande d'appareils grimpa si rapidement qu'en 1960 on comptait déjà 26 usines aux États-Unis, 7 en Grande-Bretagne, 3 en Allemagne, 2 en Hollande, 1 en France et 1 en Italie. Le microprocesseur, « cerveau » des ordinateurs modernes, fut inventé en 1971 par l'ingénieur italien Federico Faggin et par les Américains Marcian Hoff et Stan Mazor. Cette découverte lança définitivement l'informatique : on pouvait désormais produire des ordinateurs puissants mais assez petits pour pouvoir être placés sur un bureau.

Le premier ordinateur personnel, dit *Apple II*, mis au point par Steve Jobs et Stephen Wozniak, apparut en 1976.

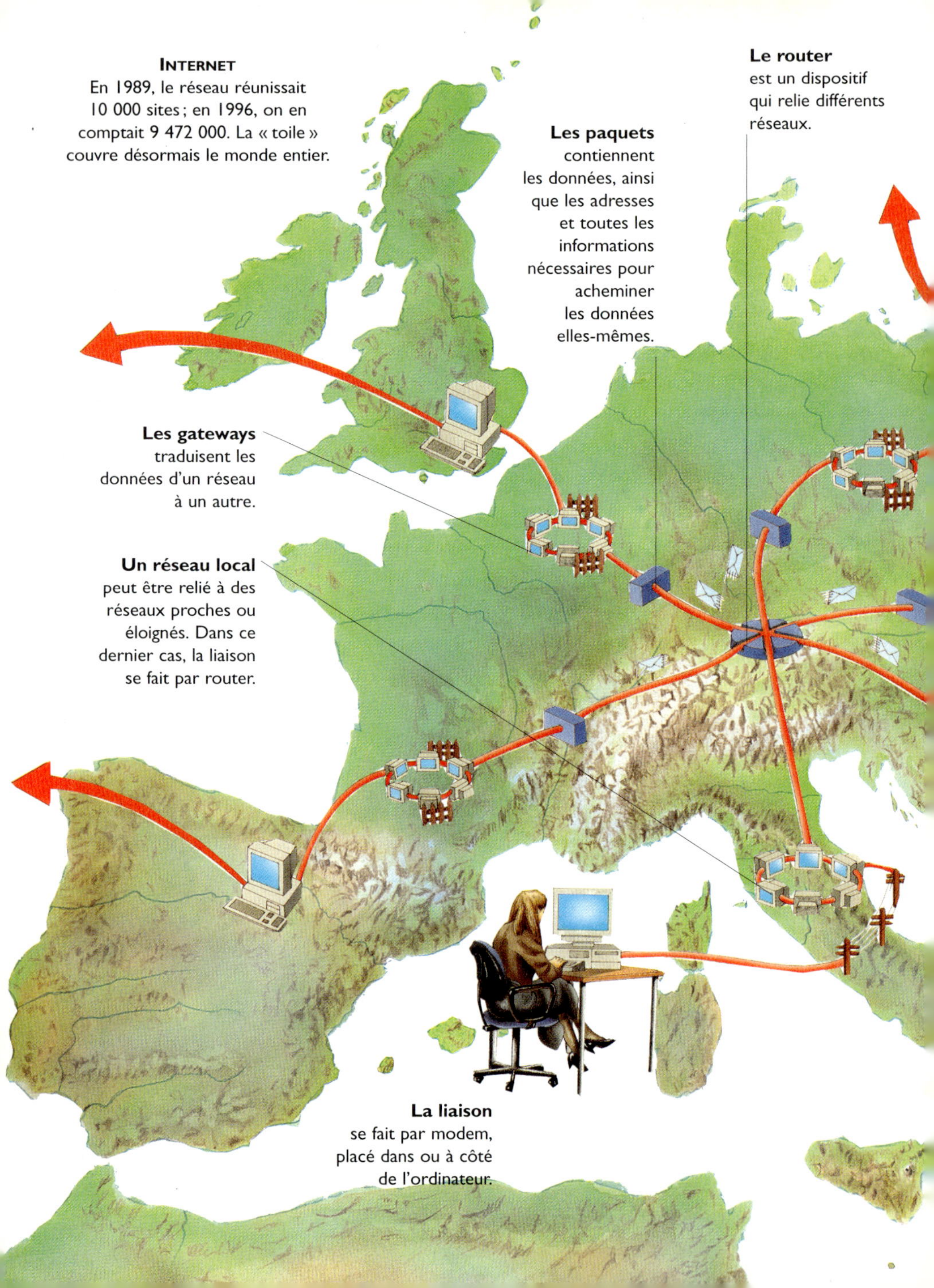
INTERNET
En 1989, le réseau réunissait 10 000 sites ; en 1996, on en comptait 9 472 000. La « toile » couvre désormais le monde entier.
Les paquets contiennent les données, ainsi que les adresses et toutes les informations nécessaires pour acheminer les données elles-mêmes.
Le router est un dispositif qui relie différents réseaux.
Les gateways traduisent les données d'un réseau à un autre.
Un réseau local peut être relié à des réseaux proches ou éloignés. Dans ce dernier cas, la liaison se fait par router.
La liaison se fait par modem, placé dans ou à côté de l'ordinateur.

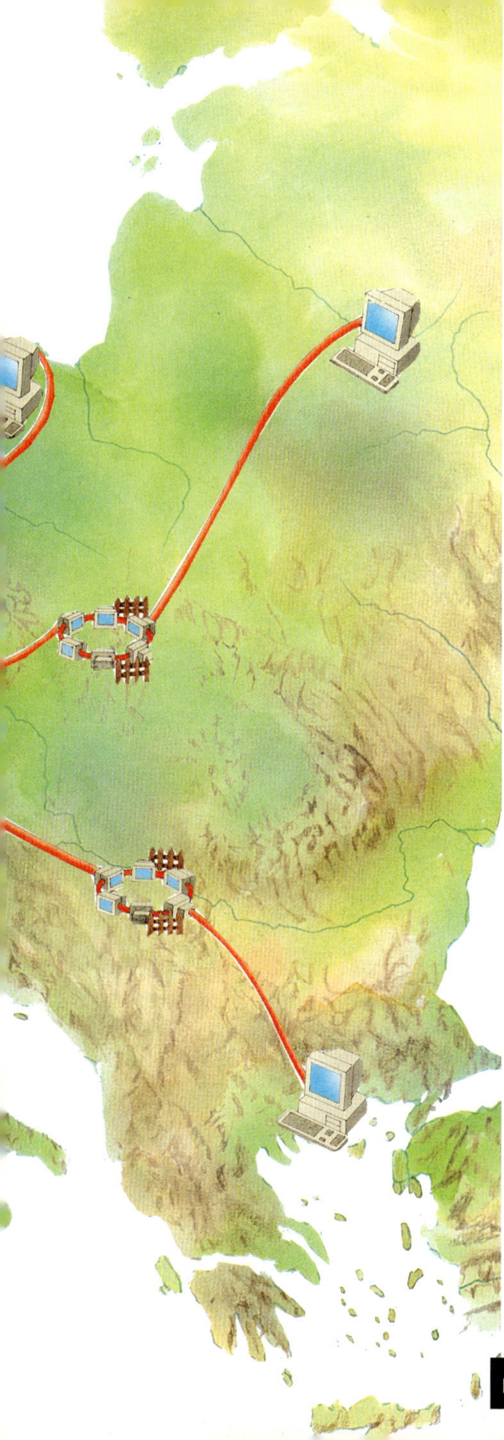

Les années 1990 resteront probablement célèbres pour l'expansion du phénomène Internet et, plus particulièrement, pour les extraordinaires possibilités offertes par l'interconnexion planétaire de millions d'ordinateurs.

Tout comme d'autres innovations du XXe siècle, Internet est le fruit de la recherche militaire : il est né en 1968 pour un projet militaire top secret développé, en pleine guerre froide, par les Américains qui craignaient que les Russes ne détruisent le système de communication de leur pays. Le but était de créer un réseau informatique sans unité centrale, dont toutes les parties seraient indépendantes, de sorte que chacune puisse produire, transmettre et recevoir des messages de façon autonome, et survivre, au cas où l'une des autres parties serait détruite. C'est ainsi que naquit le réseau Arpanet, utilisé par des chercheurs universitaires pour échanger des données et des informations, chacun possédant son propre courrier électronique.

L'industrie

La technologie du XXe siècle n'a pas seulement produit de nouvelles machines mais, en révolutionnant les systèmes de production industrielle, elle a permis la diffusion à large échelle de biens et de machines, en les mettant à la portée de tous. L'un des exemples les plus significatifs est l'automobile.

En 1908, aux États-Unis, l'industriel Henry Ford commença la production en série de son célèbre modèle T, rendant la voiture accessible au plus grand nombre.

La forte demande de la nouvelle voiture décida Henry Ford et ses collaborateurs à modifier le système de production et à concevoir un nouveau mode d'organisation du travail en usine, susceptible d'accélérer les rythmes de production. Dans la nouvelle usine, les ouvriers accomplissaient une série limitée de gestes et d'actions nécessaires à une étape bien spécifique du travail. Les fonctions directrices furent rigoureusement séparées des fonctions opérationnelles. Le travail se déroulait selon des lignes planifiées et sous le contrôle de travailleurs de niveau intermédiaire entre les ouvriers et les dirigeants, appelés cadres : c'était le système de la chaîne de montage.

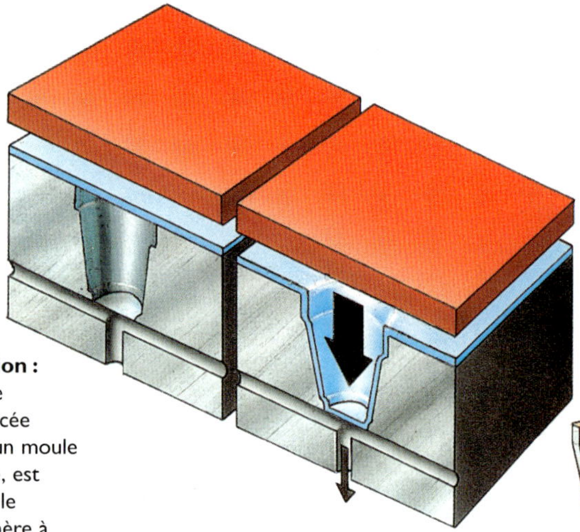

Le plastique
Les plastiques sont des polymères – c'est-à-dire des molécules composées de milliers de molécules – synthétiques. Le premier polymère synthétique a été réalisé au milieu du XIXe siècle.

Moulage par aspiration : une feuille de plastique, placée au-dessus d'un moule et réchauffée, est aspirée dans le moule et adhère à ses parois.

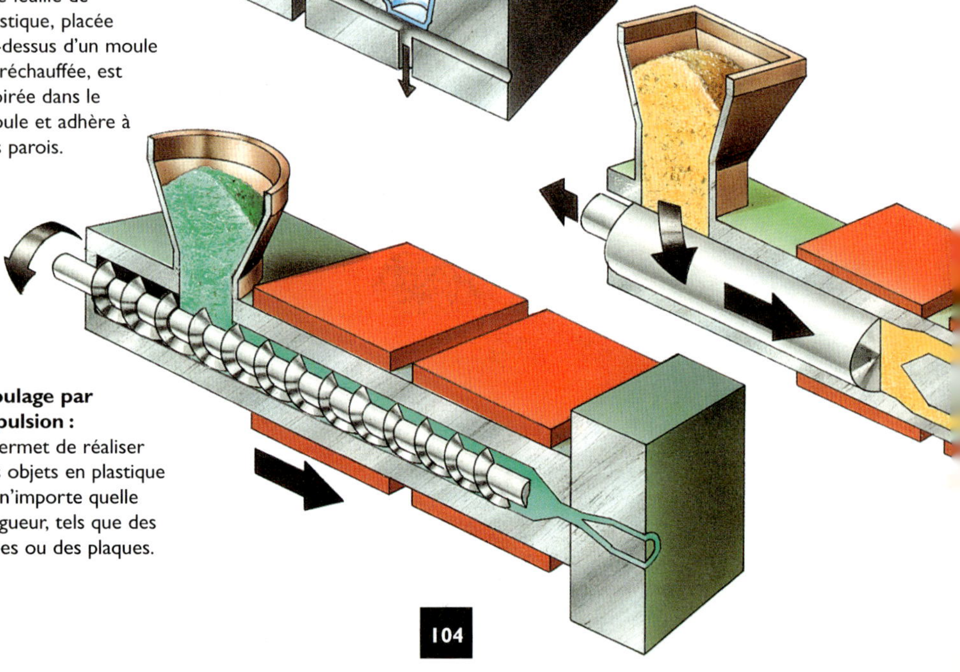

Moulage par expulsion : il permet de réaliser des objets en plastique de n'importe quelle longueur, tels que des tubes ou des plaques.

Grâce au travail « à la chaîne », le temps d'assemblage de chaque voiture fut réduit à 1 heure et 33 minutes au printemps 1914 (au début de 1913, il était de 12 heures et 8 minutes).

L'établissement de Highland Park, à Detroit, fut capable de produire plus de 1 000 voitures par jour. La vitesse, le volume et l'efficacité de la production permirent à Henry Ford de construire une voiture plus économique, de payer des salaires plus élevés et de devenir l'un des hommes les plus riches du monde.

Le système adopté par Henry Ford fut le fruit des théories sur l'organisation scientifique du travail de Frederick Winslow Taylor (1856-1915), appelée taylorisme, et le résultat d'une politique visant à limiter la crise industrielle de la

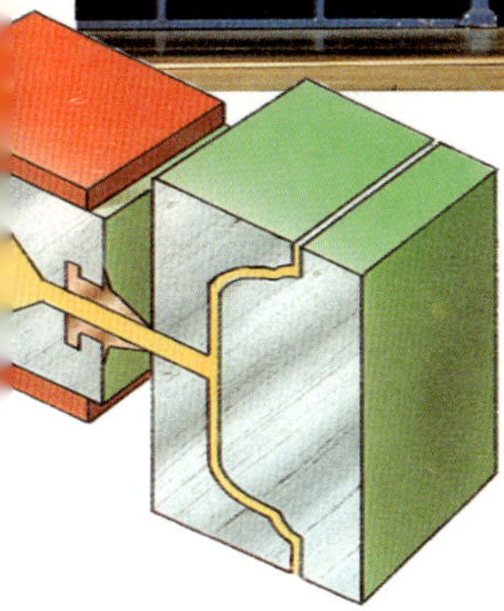

Moulage en forme : technique qui permet de mouler des objets en plastique par un processus de liquéfaction et de solidification des polymères en granules dans un moule.

Les chaînes de montage, de nos jours, grâce à l'informatique, sont presque complètement robotisées.

L'Empire State Building fut érigé à New York entre 1929 et 1931. Avec ses 380,75 m de hauteur, il est resté longtemps l'édifice le plus haut du monde.

Des centaines d'ouvriers assemblaient les structures en acier des gratte-ciel américains. Nombre d'entre eux étaient des Indiens, réputés insensibles au vertige, courageux et agiles. On les préférait probablement aussi parce qu'ils acceptaient de bas salaires.

fin du XIXe siècle. La conséquence fut une croissance inattendue de la demande de nouveaux produits de la part d'un plus grand nombre de consommateurs.

Tout de suite après la fin de la Seconde Guerre mondiale, et notamment dans les vingt premières années de grande croissance économique, la

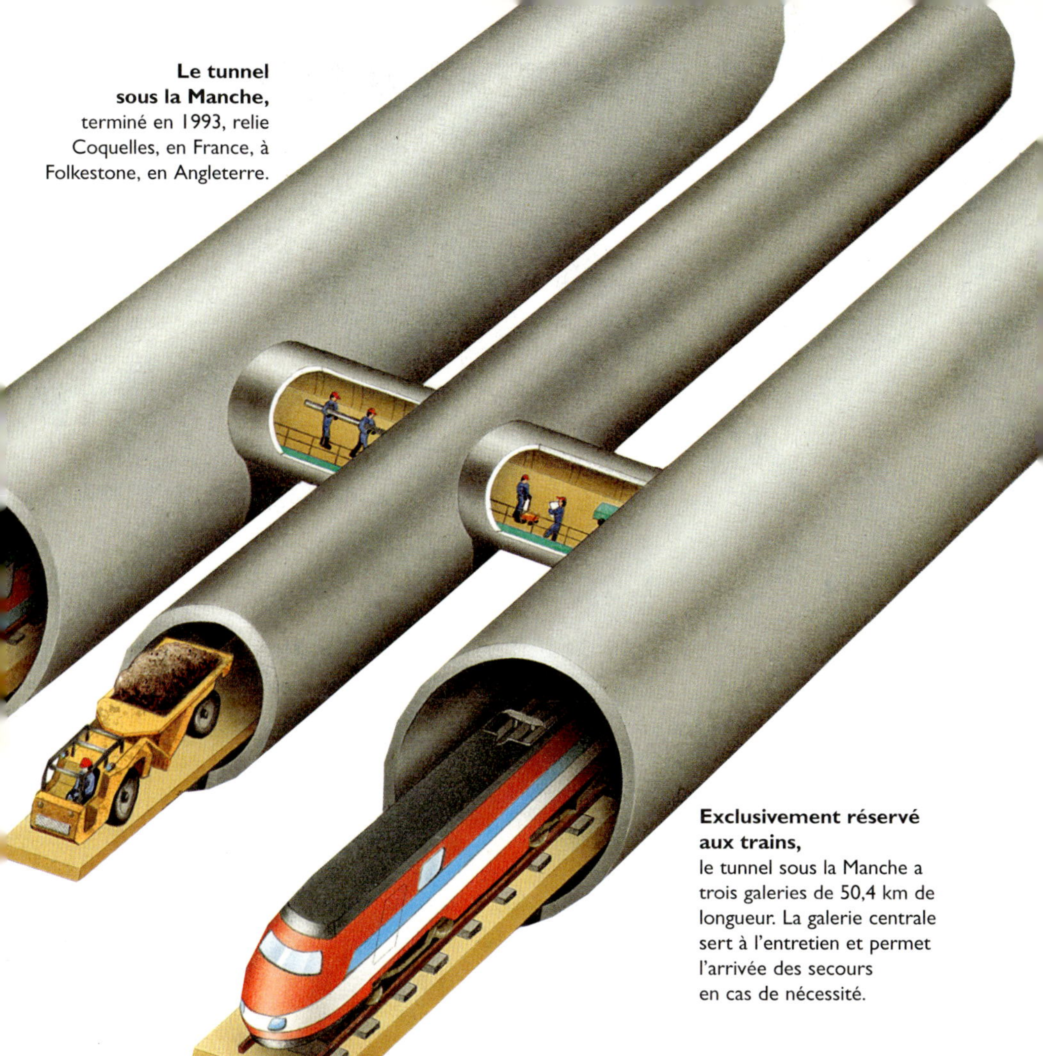

Le tunnel sous la Manche, terminé en 1993, relie Coquelles, en France, à Folkestone, en Angleterre.

Exclusivement réservé aux trains, le tunnel sous la Manche a trois galeries de 50,4 km de longueur. La galerie centrale sert à l'entretien et permet l'arrivée des secours en cas de nécessité.

nouveauté technologique fut le facteur déterminant du succès d'un grand nombre de biens. Plus la technologie était complexe, plus le processus de la recherche et de la réalisation du produit était long. Ainsi, la démarche d'innovation devint de plus en plus importante et incessante : pour développer de nouveaux produits, il fallait prévoir des coûts plus élevés, dont une partie importante était allouée à la recherche.

Les constructions

Dans la première moitié du XXe siècle, le génie civil se développa considérable-

ment. Partout dans le monde, mais surtout aux États-Unis, on éleva des gratte-ciel, des digues et des ponts. À la fin du XIXe siècle, la plus grande partie de la surface des centres urbains était occupée par des immeubles en brique. Dans des villes comme Chicago ou New York, la demande d'espaces pour construire des bureaux se fit pressante. Pour pouvoir ériger des immeubles plus hauts, il fallut utiliser l'acier et doter les édifices d'ascenseurs. Toutes les plus grandes villes américaines grandirent en hauteur, en exploitant les possibilités offertes par les nouveaux matériaux de construction. L'acier fut utilisé pour assurer la solidité des piliers des gratte-ciel, et d'autres matériaux permirent la réalisation de structures hardies. Le béton armé avait été breveté en 1892, mais son emploi se généralisa à partir des premières décennies du XXe siècle. En 1928, l'ingénieur français Eugène Freyssinet mit au point la technique du béton précontraint. Ce fut une petite

La première voiture produite en série fut la Ford T. Entre 1908 et 1926, plus de 15 millions d'exemplaires en furent vendus.

La voiture hybride
Elle est considérée comme le véhicule du futur : elle consommera moins de pétrole et contribuera à réduire la pollution urbaine.

Deux moteurs, l'un à essence, pour les grandes distances, l'autre électrique pour les trajets en ville, caractérisent la voiture hybride.

révolution dans l'architecture, ce matériau étant plus résistant que le béton armé et permettant de réaliser des ponts de portée plus longue.

La seconde moitié du XXe siècle n'apporta pas d'innovations essentielles dans les techniques de construction. Toutefois, les outils mécaniques (grues, chouleurs, excavatrices et foreuses) se perfectionnèrent, facilitant le travail des ouvriers sur les chantiers.

Ces progrès permirent de construire aussi sous terre. Dans les dernières décennies du XXe siècle, creuser des tunnels de plus en plus longs et larges, sous les montagnes mais aussi sous les mers, a été le véritable défi des ingénieurs et des architectes.

Les transports

Après la première décennie du XXe siècle, l'automobile, comme nous l'avons déjà vu, devint un objet de consommation de masse grâce à la baisse des prix, à la plus grande fiabilité des voitures et à l'amélioration du

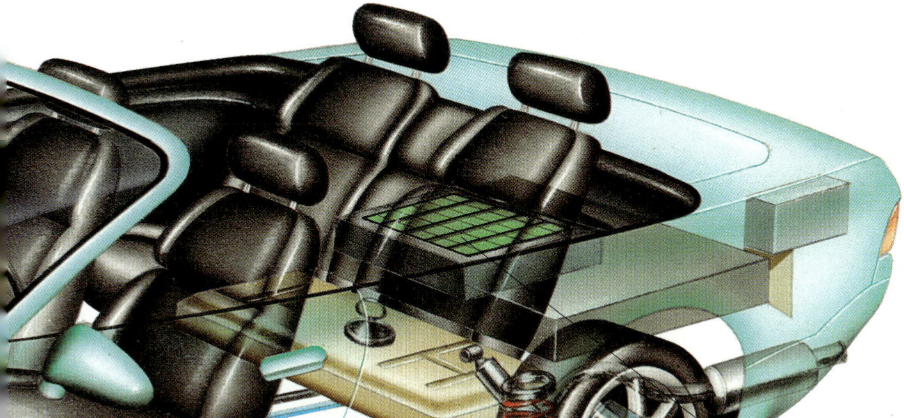

Le générateur : lorsque le moteur est en marche, une partie de l'énergie qu'il produit est transférée au générateur, qui l'utilise pour charger les batteries.

Les batteries représentent un des obstacles majeurs à la diffusion de la voiture hybride, parce qu'elles sont très encombrantes. Les modèles les plus récents offrent une autonomie de 130 km seulement.

L'aérodynamisme caractérise la ligne de la motrice, lui assurant une pénétration optimale dans l'air.

Le train à vapeur fut seul en usage jusqu'à la Seconde Guerre mondiale.

Le TGV, le « train à grande vitesse », fut inauguré en 1978. Sa vitesse de pointe était alors de 270 km/h.

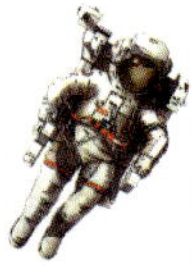

réseau routier. Dans la phase pionnière de l'industrie automobile, les fabricants mirent au point les solutions techniques les plus disparates : pendant ces années-là, les voitures subirent des transformations plus radicales qu'à toute autre période. En 1934, le Français André Lefebvre réalisa, pour Citroën, la première automobile à traction avant. Cette innovation accrut la stabilité et la puissance des véhicules. De nos jours, les voitures concentrent les technologies les plus récentes, et les modifications les plus importantes ont été apportées par l'utilisation de l'électronique – du moteur à injection à l'ouverture automatique des vitres et à l'ordinateur de bord. De plus, les fabricants se sont engagés à construire des voitures plus sûres pour les passagers et moins polluantes. Presque tous les véhicules disposent aujourd'hui de ceintures de sécurité, de freins ABS antiblocage et de

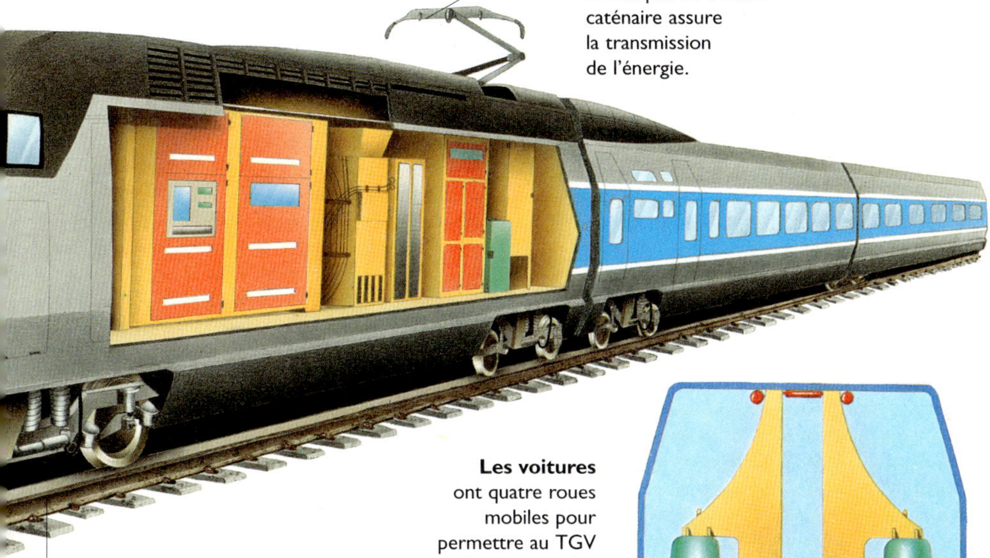

La propulsion du TGV est électrique. La double caténaire assure la transmission de l'énergie.

Les rails des lignes dédiées aux TGV sont spéciaux et posés sur des balasts plus robustes, suivant des parcours les plus rectilignes possible.

Les voitures ont quatre roues mobiles pour permettre au TGV de négocier plus aisément les virages. Un système de suspensions perfectionné amortit les vibrations et rend le voyage plus confortable.

coussins (Airbag) qui, en cas de choc violent, se gonflent pour amortir l'impact. On essaie de réduire l'émission de substances polluantes, mais, compte tenu du nombre de voitures qui circulent, les mesures adoptées sont encore insuffisantes. Nombreux sont ceux qui pensent que les voitures du futur seront hybrides : moitié à combustion et moitié électriques.

Le train électrique peut sembler un moyen de transport un peu « vieillot ». En effet, la première ligne ferroviaire électrique fut le petit train construit pour transporter les visiteurs de l'Exposition de Berlin de 1879 ; mais c'est seulement après la Seconde Guerre mondiale qu'on utilisa l'électricité pour la propulsion des trains. Les progrès réalisés ensuite ont concerné plus la vitesse et la sécurité que les systèmes de propulsion.

Une technologie complètement différente est utilisée pour les trains à lévita-

tion magnétique. La force de répulsion d'aimants de signe opposé maintient le train au-dessus des rails, évitant ainsi les frottements. Les combinaisons d'attractions et répulsions magnétiques font ensuite avancer le convoi. Le premier prototype de ce genre a été expérimenté aux États-Unis en 1967, et les résultats furent très prometteurs. En 1976, l'Allemagne réalisa le *Transrapid*, qui peut circuler à 401 km/h, et en 1980 le train japonais *Magnetic Levitation* a atteint 517 km/h. Malgré ces résultats, le train à lévitation magnétique n'est pas encore très répandu.

L'aéroplane

Le premier vol date de 1903. L'aéroplane devint presque immédiatement

Le premier vol à moteur fut effectué en 1903 par Orville Wright, au-dessus d'un terrain sablonneux plat, et il dura seulement 12 secondes, couvrant une distance de 40 m environ à une vitesse de 48 km/h. L'appareil était un simple biplan sans queue, à hélice actionnée par un moteur essence de 12 chevaux.

L'aéroport d'Osaka, au Japon, a été construit sur une île artificielle. Il a été achevé en 1994, selon des plans du célèbre architecte italien Renzo Piano, celui-là même qui a construit le centre Georges-Pompidou, à Paris.

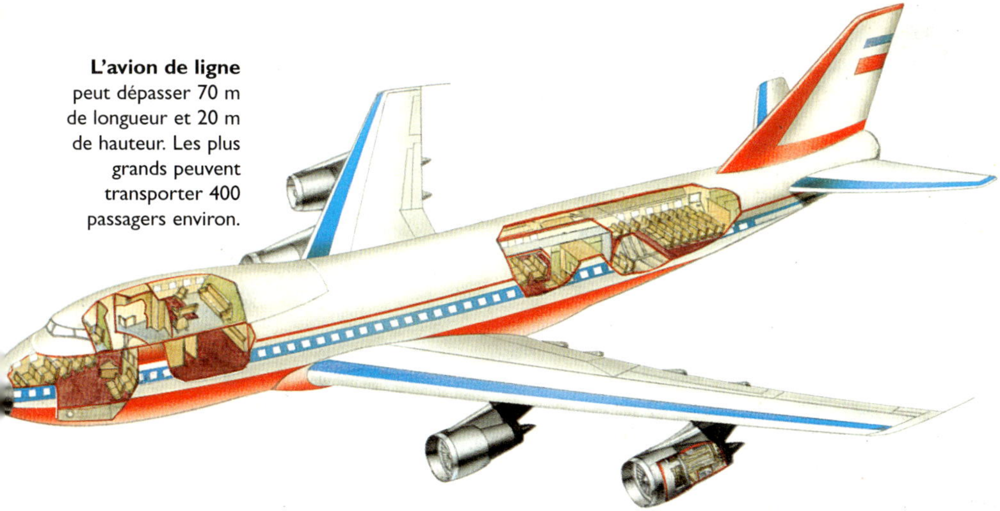

L'avion de ligne peut dépasser 70 m de longueur et 20 m de hauteur. Les plus grands peuvent transporter 400 passagers environ.

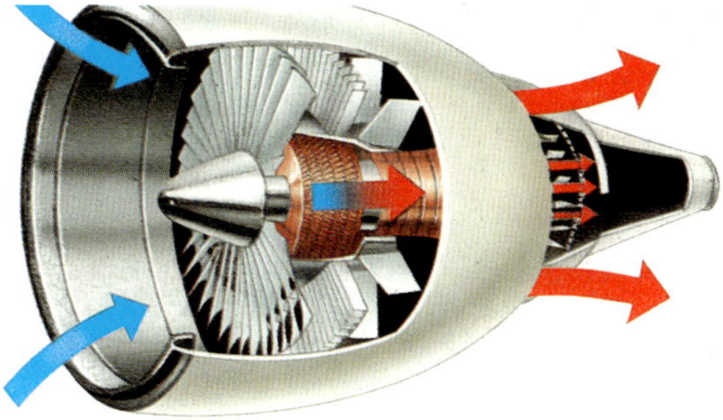

Dans le moteur à réaction, l'air pénètre dans le réacteur et y rencontre un flux de carburant. L'expansion rapide des gaz produits provoque l'expulsion à haute pression.

une arme : il fut utilisé pour la première fois par les Italiens en 1911, dans la guerre coloniale contre l'Empire ottoman en Libye. Entre les deux guerres mondiales, il se développa comme moyen de transport. Très vite, de robustes monoplans, capables d'accomplir des vols intercontinentaux, remplacent les délicats biplans des pionniers.

Le 27 août 1939, le premier avion à réaction fut expérimenté par l'aviation allemande. Le moteur à réaction, breveté par l'Anglais Frank Whittle, était révolutionnaire : il « avalait » l'air pour ensuite l'expulser à une très forte pression. La très grande majorité des avions modernes sont à réaction.

La conquête de l'espace

Après s'être élevé au-dessus du sol grâce aux avions, l'Homme a voulu vaincre la force de gravité jusqu'à atteindre l'espace.

Sous la pression de la guerre froide, les États-Unis et l'ex-Union soviétique conçurent et perfectionnèrent sans cesse des fusées, capables de transporter des bombes atomiques d'un conti-

LA STATION SPATIALE
Ce sera la plus grande entreprise scientifique des prochaines années. Des savants du monde entier pourront effectuer leurs expériences en l'absence de force de gravité, dans cette structure mise en orbite autour de la Terre.

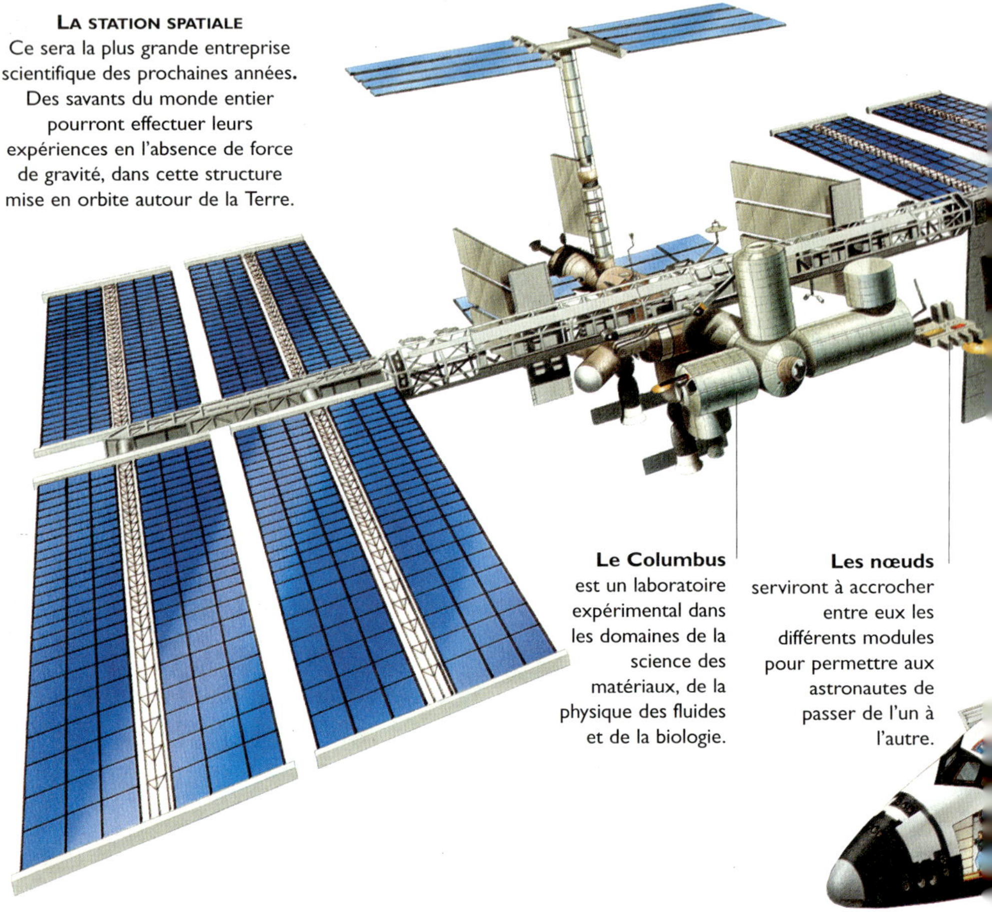

Le Columbus est un laboratoire expérimental dans les domaines de la science des matériaux, de la physique des fluides et de la biologie.

Les nœuds serviront à accrocher entre eux les différents modules pour permettre aux astronautes de passer de l'un à l'autre.

« Un petit pas pour l'homme, mais un grand pas pour l'humanité » : cette phrase a été prononcée par Neil Armstrong lorsqu'il posa le pied sur la Lune, le 21 juillet 1969.

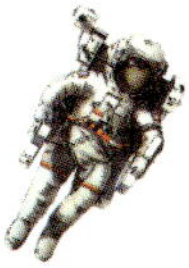

nent à l'autre. En réalité, les premières expériences en ce sens avaient été réalisées par les Allemands pendant la guerre : en 1944, ils avaient lancé sur Londres les meurtrières « bombes volantes » V1 et V2.

Ces inventions eurent d'importantes répercussions dans le secteur de la recherche spatiale. Le 4 octobre 1957, l'Union soviétique mit sur orbite autour de la Terre le Spoutnik 1, premier satellite artificiel doté d'instruments pour mesurer la température et la densité de l'atmosphère. Le mois suivant, le 3 novembre, ce fut le tour du Spoutnik 2, pesant 508 kg et emmenant à son bord le premier être vivant envoyé dans l'espace, la chienne Laïka. Le 12 avril 1961, les ingénieurs soviétiques accomplirent le premier grand exploit, en envoyant sur orbite, à bord de la capsule Vostok, Youri Gagarine, le premier homme de l'espace.

Les Américains mirent quelques années pour atteindre le niveau des Soviétiques, mais ils prirent définitivement la tête de la conquête de l'espace : en juillet 1969, grâce à une fusée mise au point par un ingénieur d'origine allemande, Wernher von Braun, ils envoyèrent sur la Lune les astronautes Neil Armstrong, Edwin Aldrin et Michael Collins.

La technologie et la guerre

Jamais comme au XXe siècle la science n'a joué un rôle aussi fondamental dans les conflits militaires.

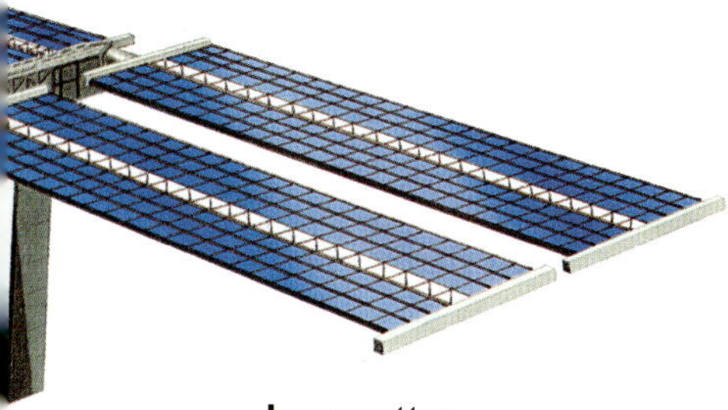

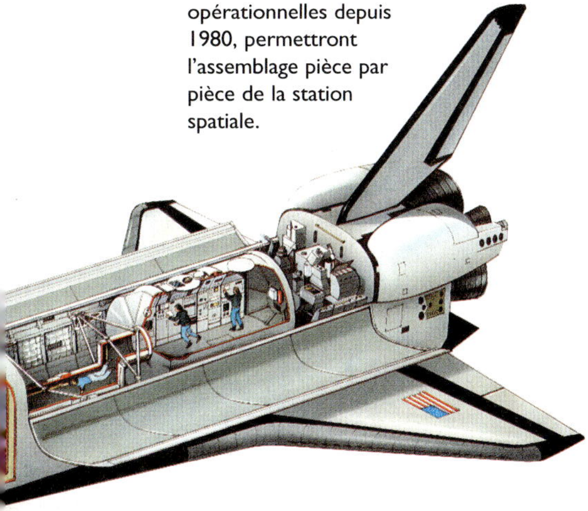

Les navettes, opérationnelles depuis 1980, permettront l'assemblage pièce par pièce de la station spatiale.

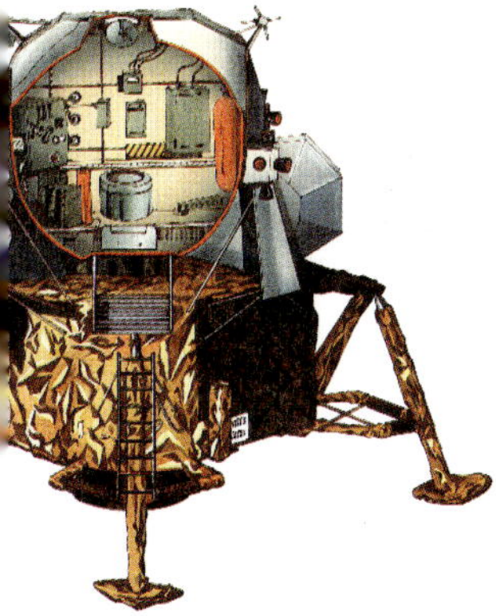

Le LEM, ou *Lunar Exursion Module,* amena Armstrong et Aldrin sur la surface lunaire. Il s'était détaché deux heures plus tôt du module Columbia, resté en orbite autour de la Lune.

Les radars, les fusées, les satellites artificiels, Internet sont autant de dispositifs générés par l'expérience ou par la peur d'une guerre. Le premier grand exemple de savant au service de la guerre fut Fritz Haber. Ce chimiste – qui a reçu le prix Nobel pour sa découverte du procédé de synthèse de l'ammoniac – contribua pendant la Première Guerre mondiale à doter l'armée allemande de propulsifs et explosifs tels que la nitroglycérine, la nitrocellulose et la tolite. Ce fut la première utilisation à large échelle de substances chimiques dans des buts militaires. Mais Haber alla bien au-delà dans ses recherches et se mit au travail pour trouver un gaz mortel utilisable sur les champs de bataille. Il proposa l'emploi du chlore, un gaz asphyxiant très puissant, sous forme liquide, qui au contact de l'air s'évapore en formant un nuage à basse altitude. Depuis, des armes beaucoup plus destructrices ont été inventées. Tout au long de la période de la guerre froide, des milliers de missiles nucléaires ont été pointés contre les principales villes de l'Union

soviétique et des États-Unis. Le souvenir de la destruction atomique subie par les villes de Hiroshima et Nagasaki, en août 1945, a cependant dissuadé les grandes puissances de déclencher une guerre nucléaire, de peur de détruire à la fois la victime et son agresseur. La recherche militaire actuelle vise à prévenir les actions de l'ennemi et à le frapper à des points sensibles, plutôt qu'à l'anéantir.

C'est pourquoi l'on a mis au point des avions « invisibles » par les radars et des missiles « intelligents ».

Et c'est également pour cette raison que les avions sont souvent pilotés par des robots et non par des hommes.

La technologie qui sauve la vie

Si la technologie peut avoir des applications néfastes, elle peut aussi avoir des effets bénéfiques. La plupart des médicaments d'aujourd'hui n'existaient pas il y a un siècle. Au XXe siècle, la recherche et l'industrie pharmaceutiques se sont transformées : pour synthétiser un médicament, l'expérience d'un bon herboriste ne suffit plus. Il faut les connais-

Les gaz
En avril 1915, les Allemands lâchèrent à Ypres, sur le front occidental de la Première Guerre mondiale, 6000 bombonnes contenant du chlore liquide, tuant ainsi 5000 hommes. La guerre chimique se poursuivit sur le front russe, où le gaz laissa sur le champ de bataille 25000 combattants, morts ou blessés.

La bombe atomique lancée sur Hiroshima le 6 août 1945 rasa la ville sur 10 km^2, tuant 66 000 personnes sur le coup et faisant 69 000 blessés.

sances scientifiques de chimistes et de médecins, et les moyens technologiques et financiers des grands laboratoires.

Ainsi, l'aspirine, mise au point en 1897, appartient à la culture médicale du xxe siècle.

En 1928, Alexander Fleming découvrit la pénicilline, premier antibiotique à combattre nombre de maladies infectieuses. Le 26 avril 1954 est aussi une date très importante pour la médecine : ce jour-là, on effectua, aux États-Unis, une vaccination massive contre la poliomyélite, une maladie qui causait la paralysie. Le vaccin fut conçu par le biochimiste Jonas Salk et le microbiologiste Albert Sabin.

Autre succès de la technologie appliquée à la médecine : les greffes d'or-

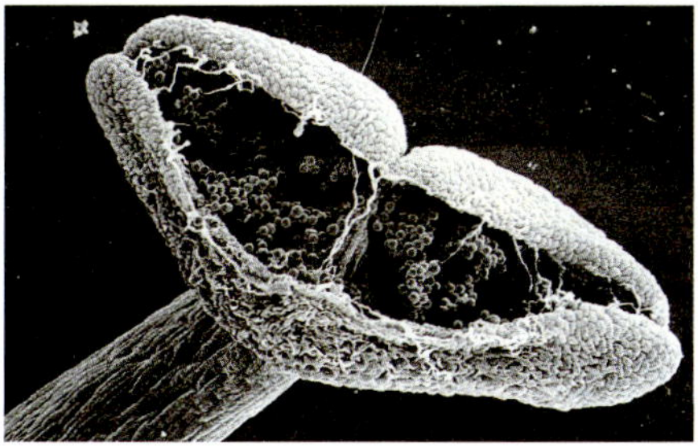

Agrandissement de l'extrémité de l'étamine d'une fleur, avec ses grains de pollen.

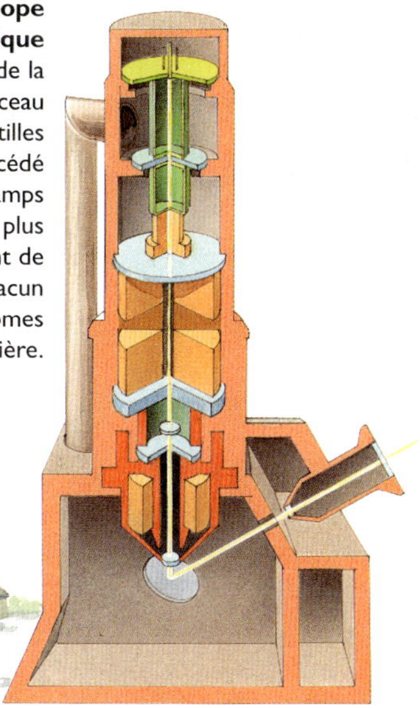

Le microscope électronique utilise, au lieu de la lumière, un faisceau d'électrons. Les lentilles traditionnelles ont cédé la place aux champs magnétiques. Les plus récents permettent de photographier chacun des atomes composant la matière.

LES VACCINATIONS DE MASSE
Les campagnes de vaccinations pratiquées dans l'après-guerre ont sauvé des milliers de vies humaines. Des populations entières, surtout dans les pays du tiers monde, ont été ainsi immunisées contre les maladies les plus dangereuses.

ganes, rendues possibles non seulement grâce à l'habileté des chirurgiens, mais également grâce à la mise au point de médicaments anti-rejet. En 1954, le chirurgien américain Joseph Murray pratiquait la première greffe du rein. Deux années plus tard, l'hématologue Edward Donnall Thomas transplanta une moelle osseuse saine sur un patient atteint de leucémie. En 1963 furent réalisées les premières greffes du foie et du poumon, et, le 3 décembre 1967, le chirurgien sud-africain Christian Barnard effectuait la première transplantation cardiaque.

Pour poser le diagnostic d'une maladie, la technologie apporte aussi une

contribution essentielle. Des machines complexes peuvent photographier l'intérieur du corps humain. C'est le cas du scanner, utilisé pour la première fois en 1972. Le scanner associe le procédé de la radiographie à l'ordinateur, permettant de visualiser le corps du patient comme s'il était coupé en tranches, pour ensuite le photographier.

La structure de l'ADN fut mise en évidence par Franck Crick et James Watson en 1953. Pour cette découverte, ils reçurent en 1962 le prix Nobel de médecine.

Le génie génétique

Technologie du futur, le génie génétique pourra sauver des vies humaines et permettre la production de nouveaux aliments.

Elle est issue de la découverte de la structure de l'ADN (acide désoxyribonucléique) – c'est-à-dire de la molécule qui contient toutes les informations nécessaires pour « construire » un être vivant. Le code pour déchiffrer les informations a été identifié en 1953, ouvrant la porte à la possibilité de modifier le patrimoine génétique des êtres vivants.

Le génie génétique a démontré pour la première fois ses possibilités en 1976, lorsque, à l'université de San Francisco, fut mise au point une technique pour effectuer le diagnostic précoce de l'alpha-thalassémie.

Depuis, diverses sondes à ADN ont été utilisées pour diagnostiquer des maladies génétiques.

À partir des années 1980, on a commencé à entrevoir la possibilité d'une thérapie génique, c'est-à-dire de soigner certaines maladies génétiques en remplaçant les gènes défectueux par des gènes sains.

Le clonage

C'est la conquête la plus récente et la plus controversée du génie génétique : reproduire à l'identique un animal adulte. L'hypothèse d'une application de cette technique à l'Homme pose des problèmes éthiques immenses.

2. Une cellule œuf est prélevée sur une autre brebis.

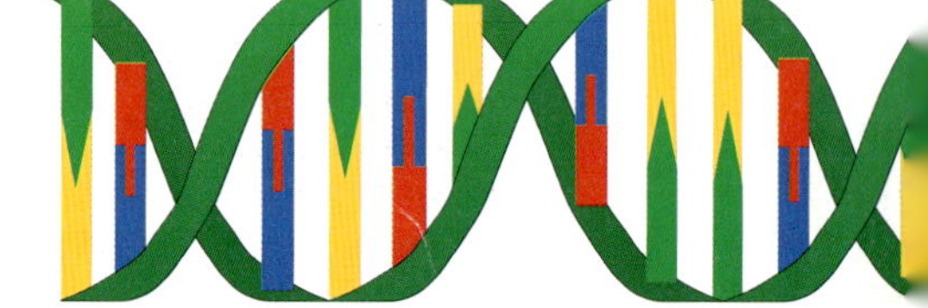

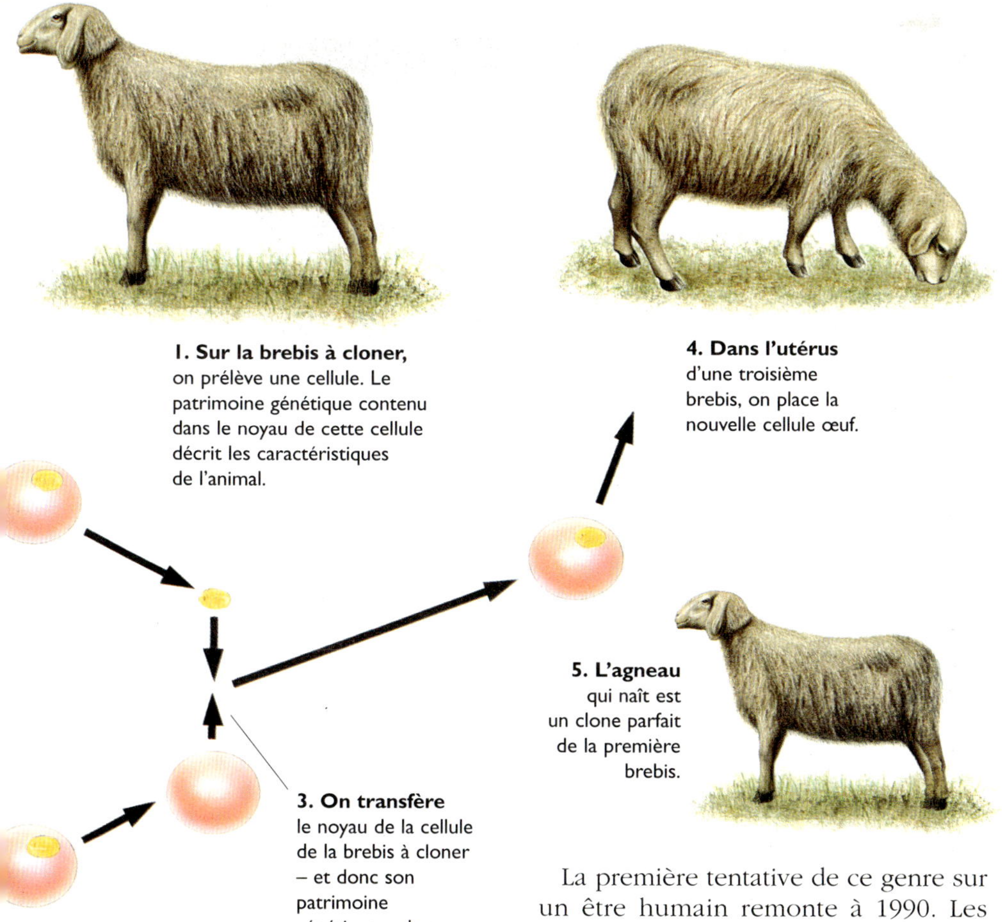

La première tentative de ce genre sur un être humain remonte à 1990. Les Américains W. French Anderson et Michael Blaese prélevèrent des globules blancs d'une petite fille malade et les réintroduisirent dans son organisme après y avoir ajouté un gène manquant.

Les expériences les plus récentes, comme le clonage de la brebis Dolly, en 1997, ont montré que l'on pouvait désormais intervenir sur le patrimoine génétique et modifier les caractéristiques des êtres vivants. Ce qui ouvre des perspectives à la fois fascinantes et effrayantes.

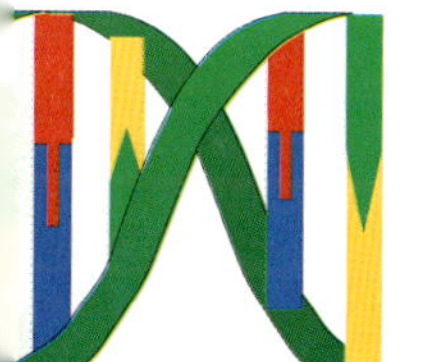

L'ADN

L'Américain Oswald Avery comprit le premier qu'il s'agissait là de la molécule de la vie : en étudiant les bactéries, il s'aperçut que toutes les informations étaient inscrites dans les molécules d'ADN.

Index